BADMINTON IN SHENZHEN

羽 毛 球 馆 攻 略 指 南

深圳市羽毛球协会 编

深圳出版社

前言

隨著現代社會的高速發展，人們的生活節奏也日益加快，運動成為釋放壓力、提高生活質量的重要途徑。羽毛球作為一項兼具趣味性和競技性的運動，深受各年齡段人群的喜愛。它不僅能夠鍛煉身體，增強心肺功能，還能提升反應能力、協調性以及團隊合作精神。在這樣的背景下，羽毛球逐漸成為深圳廣大市民休閒與健身的新選擇。

深圳，作為一座現代化國際大都市，不僅經濟繁榮、科技發達，更充滿活力和機遇。在這樣一個多元化的城市中，羽毛球館如雨後春筍般湧現，為羽毛球愛好者提供了豐富的運動場地選擇。

本書將為您詳細介紹深圳各區羽毛球館的分佈情況及場館設施等信息。無論您是初學者還是專業選手，都能在這裏找到適合自己的球館。我們將為您挖掘那些口碑好、環境佳、設施齊全的球館，幫助您更好地享受羽毛球運動的樂趣。

這本指南不僅是一本羽毛球館目錄，更是一本關於羽毛球文化的探索手冊。我們希望通過本書，將深圳的羽毛球愛好者聚集在一起，促進交流與分享，提升大家共同的運動體驗。我們相信，羽毛球運動不僅能夠帶來健康與快樂，還能增進人與人之間的感情。在這裏，您將結識同樣熱愛羽毛球的朋友，一起揮拍，感受運動的魅力！每一次揮拍、每一次得分，都是挑戰自我、奮勇爭先的過程。

最後，感謝您翻閱《『羽動深圳』羽毛球館攻略指南》。希望本書能成為您羽毛球之旅的良伴，帶您領略深圳羽毛球運動的魅力。無論您是剛入門的新手，還是資深的羽毛球迷，都能在深圳這片熱土上，找到無盡的樂趣與挑戰。讓我們一起揮灑汗水，在羽毛球的世界裏盡情享受運動的快樂！

目录

1. 深圳市体育中心体育馆 / 深圳市體育中心體育館
SHENZHEN SPORTS CENTER GYMNASIUM
2. 黄木岗运动馆 / 黃木崗運動館
HUANGMUGANG SPORTS SITE
3. 壹号体育大仓馆 / 壹號體育大倉館
NO.1 SPORTS WAREHOUSE HALL
4. 英威羽毛球馆 / 英威羽毛球館
YINGWEI BADMINTON
5. 伍人行壹球馆 / 伍人行壹球館
WURENXING NO.1 BADMINTON HALL
6. 富莲大厦羽毛球馆 / 富蓮大廈羽毛球館
FULIAN BUILDING BADMINTON HALL
7. 博华羽毛球馆 / 博華羽毛球館
BOHUA BADMINTON HALL
8. 水木橡果全民健身中心 / 水木橡果全民健身中心
SHUIMUXIANGGUO NATIONAL FITNESS CENTER
9. 万科 · 金域蓝湾羽毛球馆 / 萬科 · 金域藍灣羽毛球館
VANKE JINYULANWAN BADMINTON HALL
10. 锡才文化福保综合运动馆 / 錫才文化福保綜合運動館
XICAI CULTURE FUBAO COMPREHENSIVE SPORTS HALL

福田／福田

FUTIAN

深圳市体育中心体育馆

SHENZHEN SPORTS CENTER GYMNASIUM

笋岗西路 2006 号

No. 2006, Sungang West Road

场馆面积： 4000m^2

场地数量： 21

空间高度： 9m+

场馆类型： 体育馆

地面铺设： 龙骨 + 地板 + 地胶

灯光设计： 羽毛球标准灯光

医院距离： < 2km

车位数量： 1700

VENUE AREA:
4000m^2

NUMBER OF BADMINTON COURTS:
21

CEILING HEIGHT:
9m+

VENUE TYPE:
gymnasium

FLOOR PAVING:
keel+floor+adhesive

LIGHTING DESIGN:
badminton standard lighting

HOSPITAL DISTANCE:
< 2km

NUMBER OF PARKING SPACES:
1700

地面铺设	地面鋪設	FLOOR PAVING
★★★	★★★	★★★
标准灯光	標準燈光	STANDARD LIGHTING
是	是	Yes

淋浴

看台

深圳市體育中心體育館

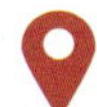

笋崗西路 2006 號

淋浴 SHOWER

空調 AIR CONDITIONER

看臺 STAND

AED

場館面積：4000m²

場地數量：21

空間高度：9m+

場館類型：體育館

地面鋪設：龍骨 + 地板 + 地膠

燈光設計：羽毛球標準燈光

醫院距離：< 2km

車位數量：1700

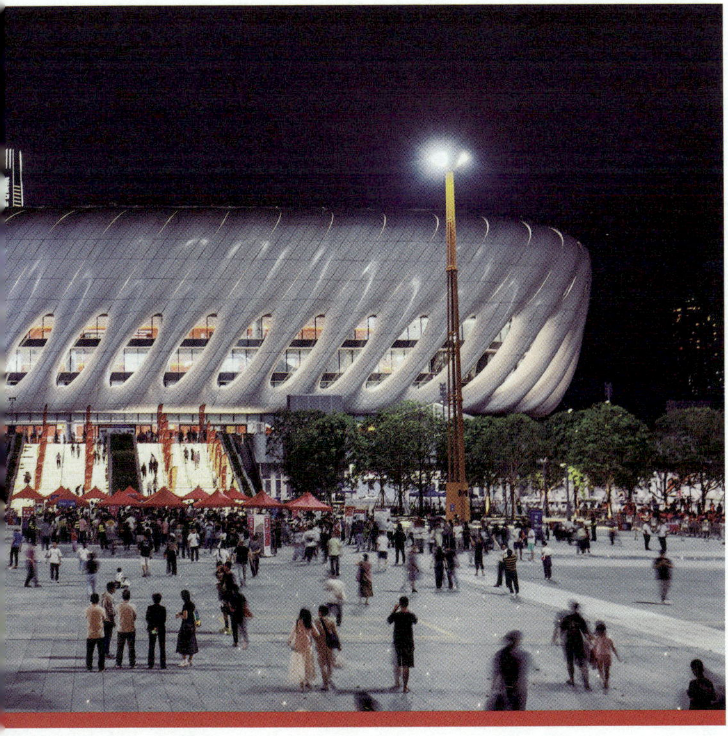

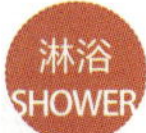

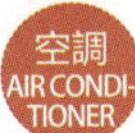

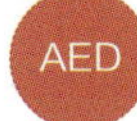

黄木岗运动馆

HUANGMUGANG SPORTS SITE

黄木岗地铁站负一层（靠近10号口）
B1 Floor near Exit 10, Huangmugang Subway Station

场馆面积：900m²
场地数量：3
空间高度：7m
场馆类型：楼房改造
地面铺设：其他
灯光设计：头顶灯光
医院距离：＜2km
车位数量：无

VENUE AREA:
900m²

NUMBER OF BADMINTON COURTS:
3

CEILING HEIGHT:
7m

VENUE TYPE:
building renovation

FLOOR PAVING:
other

LIGHTING DESIGN:
overhead lighting

HOSPITAL DISTANCE:
＜2km

NUMBER OF PARKING SPACES:
none

淋浴

空调

看台

AED

地面铺设	地面鋪設	FLOOR PAVING
★	★	★
标准灯光	標準燈光	STANDARD LIGHTING
否	否	No

黄木崗運動館

黄木崗地鐵站負一層（靠近 10 號口）

淋浴 SHOWER
空調 AIR CONDITIONER
看臺 STAND
AED

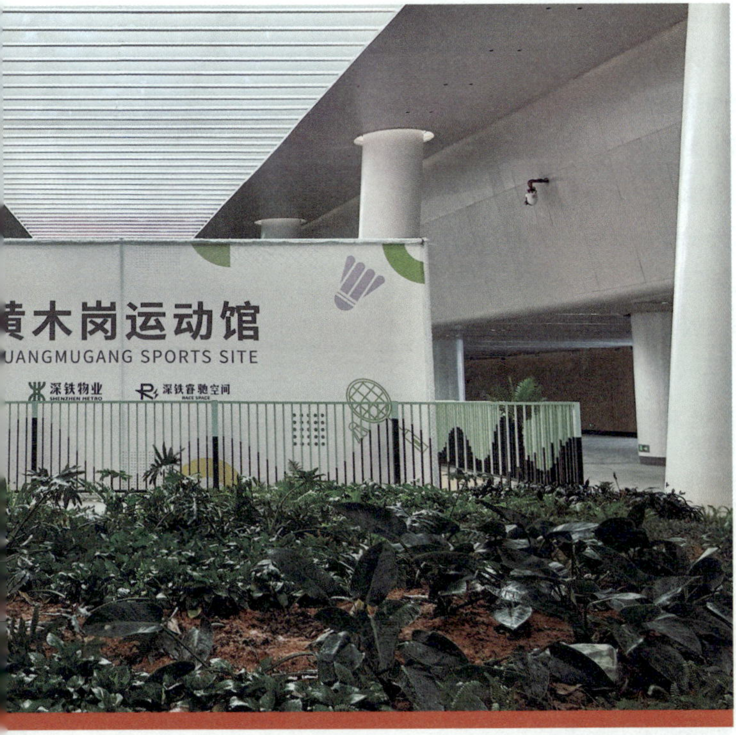

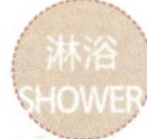

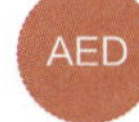

場館面積：$900m^2$
場地數量：3
空間高度：7m
場館類型：樓房改造
地面鋪設：其他
燈光設計：頭頂燈光
醫院距離：< 2km
車位數量：無

壹号体育大仓馆

NO.1 SPORTS WAREHOUSE HALL

蓝花道 1 号
No. 1, Lanhua Avenue

- **场馆面积：** 4400m²
- **场地数量：** 21
- **空间高度：** 8m
- **场馆类型：** 厂房改造
- **地面铺设：** 龙骨 + 地板 + 地胶
- **灯光设计：** 羽毛球标准灯光
- **医院距离：** > 3km
- **车位数量：** 100

- **VENUE AREA:** 4400m²
- **NUMBER OF BADMINTON COURTS:** 21
- **CEILING HEIGHT:** 8m
- **VENUE TYPE:** factory renovation
- **FLOOR PAVING:** keel+floor+adhesive
- **LIGHTING DESIGN:** badminton standard lighting
- **HOSPITAL DISTANCE:** > 3km
- **NUMBER OF PARKING SPACES:** 100

地面铺设	地面鋪設	FLOOR PAVING
★★★	★★★	★★★
标准灯光	標準燈光	STANDARD LIGHTING
是	是	Yes

淋浴

空调

看台

AED

壹號體育大倉館

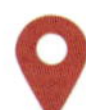

藍花道 1 號

淋浴 SHOWER

空調 AIR CONDITIONER

看臺 STAND

AED

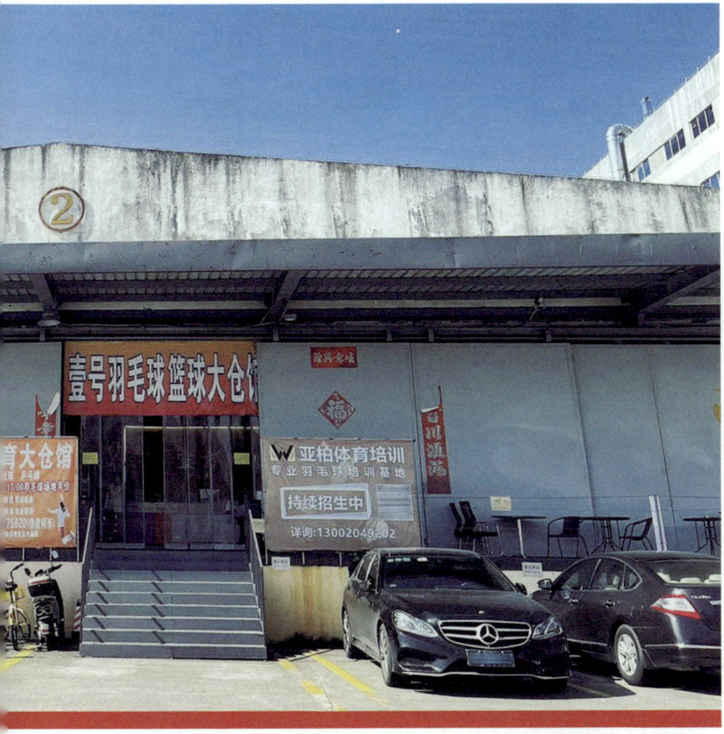

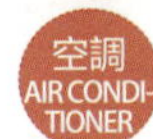

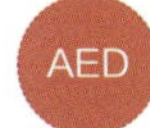

場館面積：4400m^2

場地數量：21

空間高度：8m

場館類型：廠房改造

地面鋪設：龍骨 + 地板 + 地膠

燈光設計：羽毛球標準燈光

醫院距離：> 3km

車位數量：100

英威羽毛球馆

YINGWEI BADMINTON

泰然九路皇冠体育中心 5 栋 C5100
C5100, Building 5, Huangguan Sports Center, Tairan 9th Road

- **场馆面积：** 788m²
- **场地数量：** 4
- **空间高度：** 9m+
- **场馆类型：** 厂房改造
- **地面铺设：** 龙骨 + 地板 + 地胶
- **灯光设计：** 羽毛球标准灯光
- **医院距离：** < 2km
- **车位数量：** 500

- **VENUE AREA:** 788m²
- **NUMBER OF BADMINTON COURTS:** 4
- **CEILING HEIGHT:** 9m+
- **VENUE TYPE:** factory renovation
- **FLOOR PAVING:** keel+floor+adhesive
- **LIGHTING DESIGN:** badminton standard lighting
- **HOSPITAL DISTANCE:** < 2km
- **NUMBER OF PARKING SPACES:** 500

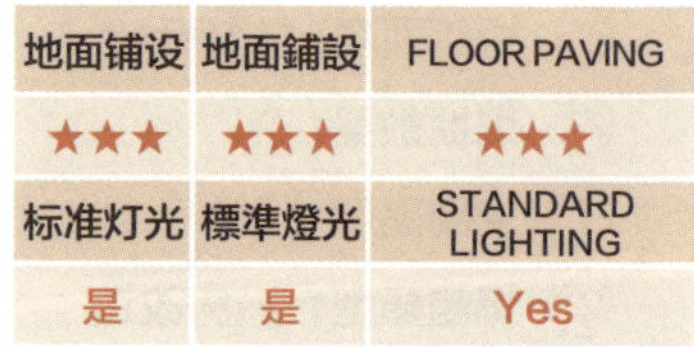

地面铺设	地面鋪設	FLOOR PAVING
★★★	★★★	★★★
标准灯光	標準燈光	STANDARD LIGHTING
是	是	Yes

淋浴
空调
看台
AED

英威羽毛球館

泰然九路皇冠體育中心 5 棟 C5100

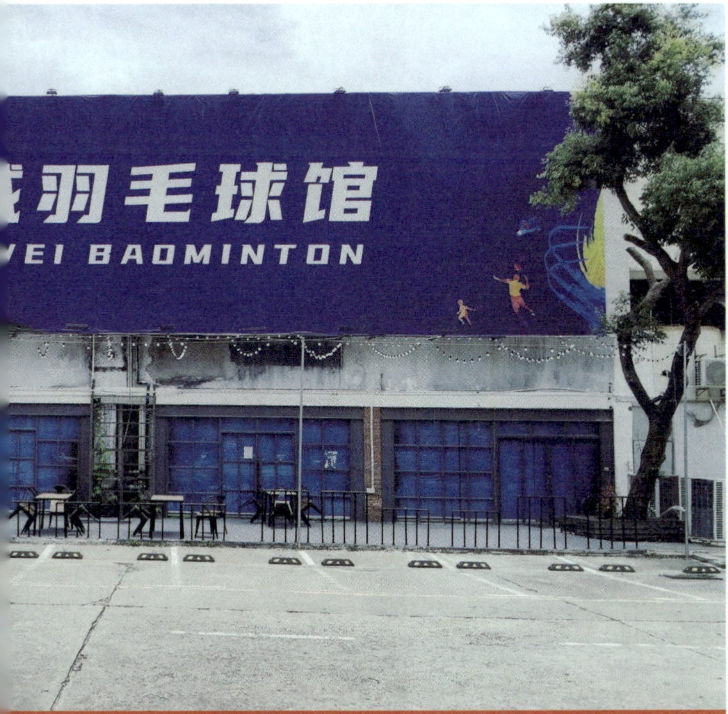

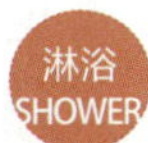

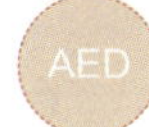

淋浴 SHOWER

空調 AIR CONDITIONER

看臺 STAND

AED

場館面積：788m²

場地數量：4

空間高度：9m+

場館類型：廠房改造

地面鋪設：龍骨 + 地板 + 地膠

燈光設計：羽毛球標準燈光

醫院距離：< 2km

車位數量：500

伍人行壹球馆

WURENXING NO.1 BADMINTON HALL

下沙文化广场下沙菜市场 2 楼
2nd Floor, Xiasha Vegetable Market, Xiasha Culture Square

场馆面积： 2800m²
场地数量： 15
空间高度： 8m
场馆类型： 楼房改造
地面铺设： 龙骨 + 地板 + 地胶
灯光设计： 羽毛球标准灯光
医院距离： ＜ 2km
车位数量： 200

VENUE AREA:
2800m²

NUMBER OF BADMINTON COURTS:
15

CEILING HEIGHT:
8m

VENUE TYPE:
building renovation

FLOOR PAVING:
keel+floor+adhesive

LIGHTING DESIGN:
badminton standard lighting

HOSPITAL DISTANCE:
＜ 2km

NUMBER OF PARKING SPACES:
200

地面铺设	地面鋪設	FLOOR PAVING
★★★	★★★	★★★
标准灯光	標準燈光	STANDARD LIGHTING
是	是	Yes

淋浴
空调
看台

AED

伍人行壹球館

下沙文化廣場下沙菜市場 2 樓

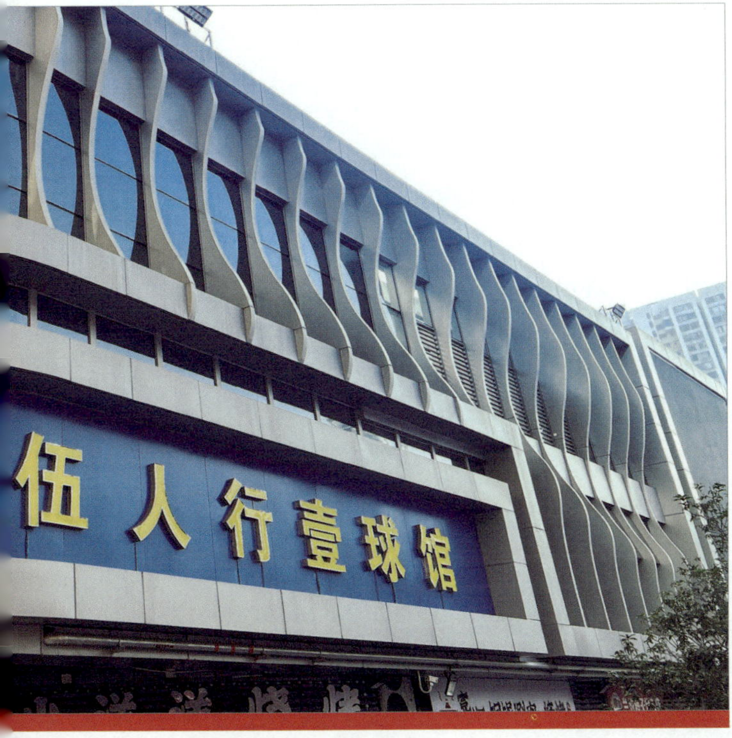

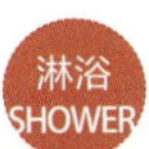

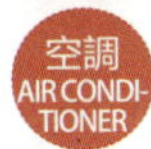

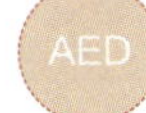

淋浴 SHOWER

空調 AIR CONDITIONER

看臺 STAND

AED

場館面積：2800m²

場地數量：15

空間高度：8m

場館類型：樓房改造

地面鋪設：龍骨＋地板＋地膠

燈光設計：羽毛球標準燈光

醫院距離：＜ 2km

車位數量：200

富莲大厦羽毛球馆

FULIAN BUILDING BADMINTON HALL

雨田路富莲大厦 3 栋 2 楼 206 室

Room 206, 2nd Floor,Building 3, Fulian Building, Yutian Road

场馆面积： 800m^2

场地数量： 3

空间高度： 7m

场馆类型： 楼房改造

地面铺设： 龙骨 + 地板 + 地胶

灯光设计： 头顶灯光

医院距离： < 2km

车位数量： 50

VENUE AREA:
800m^2

NUMBER OF BADMINTON COURTS:
3

CEILING HEIGHT:
7m

VENUE TYPE:
building renovation

FLOOR PAVING:
keel+floor+adhesive

LIGHTING DESIGN:
overhead lighting

HOSPITAL DISTANCE:
< 2km

NUMBER OF PARKING SPACES:
50

地面铺设	地面鋪設	FLOOR PAVING
★★★	★★★	★★★
标准灯光	標準燈光	STANDARD LIGHTING
否	否	No

看台

富蓮大廈羽毛球館

雨田路富蓮大廈 3 棟 2 樓 206 室

淋浴 SHOWER

空調 AIR CONDITIONER

看臺 STAND

AED

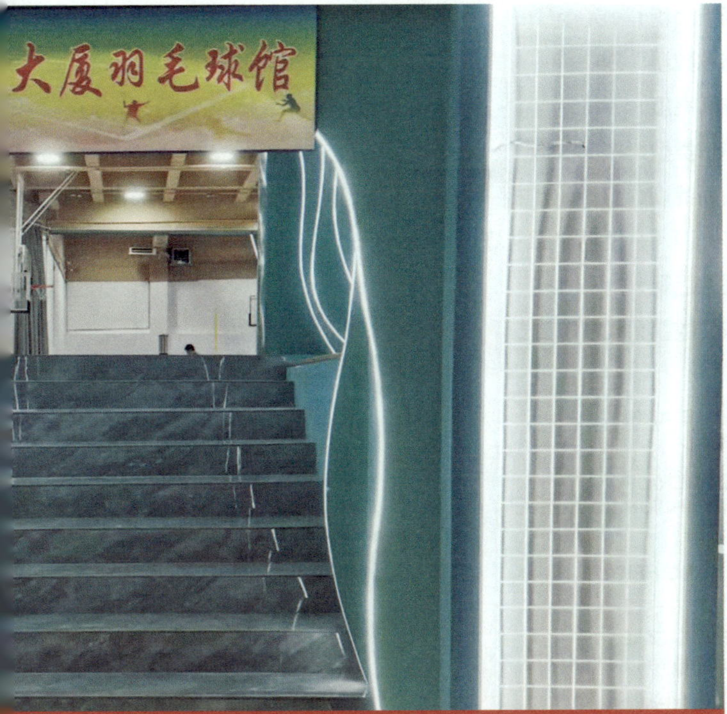

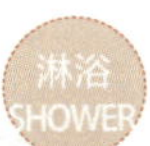

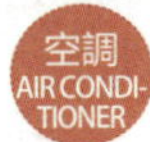

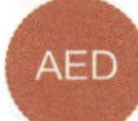

場館面積：$800m^2$

場地數量：3

空間高度：7m

場館類型：樓房改造

地面鋪設：龍骨 + 地板 + 地膠

燈光設計：頭頂燈光

醫院距離：< 2km

車位數量：50

博华羽毛球馆

BOHUA BADMINTON HALL

桃花路 9 号腾邦集团大厦 3 楼
3rd Floor, Tengbang Group Building, No. 9, Taohua Road

- **场馆面积：** 450m^2
- **场地数量：** 2
- **空间高度：** 7m
- **场馆类型：** 楼房改造
- **地面铺设：** 龙骨 + 地板 + 地胶
- **灯光设计：** 羽毛球标准灯光
- **医院距离：** > 3km
- **车位数量：** 100

- **VENUE AREA:** 450m^2
- **NUMBER OF BADMINTON COURTS:** 2
- **CEILING HEIGHT:** 7m
- **VENUE TYPE:** building renovation
- **FLOOR PAVING:** keel+floor+adhesive
- **LIGHTING DESIGN:** badminton standard lighting
- **HOSPITAL DISTANCE:** > 3km
- **NUMBER OF PARKING SPACES:** 100

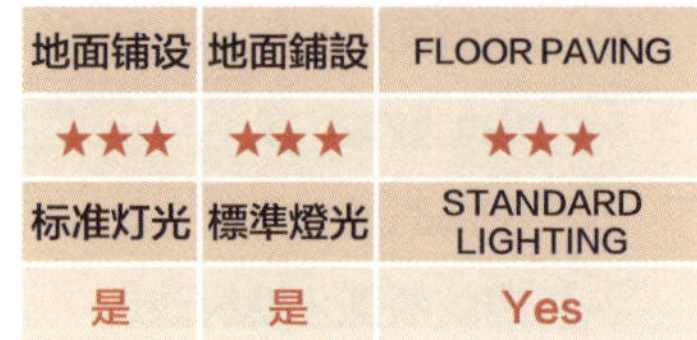

地面铺设	地面鋪設	FLOOR PAVING
★★★	★★★	★★★
标准灯光	標準燈光	STANDARD LIGHTING
是	是	Yes

淋浴

空调

看台

AED

博華羽毛球館

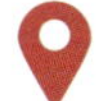

桃花路 9 號騰邦集團大廈 3 樓

淋浴 SHOWER

空調 AIR CONDITIONER

看臺 STAND

AED

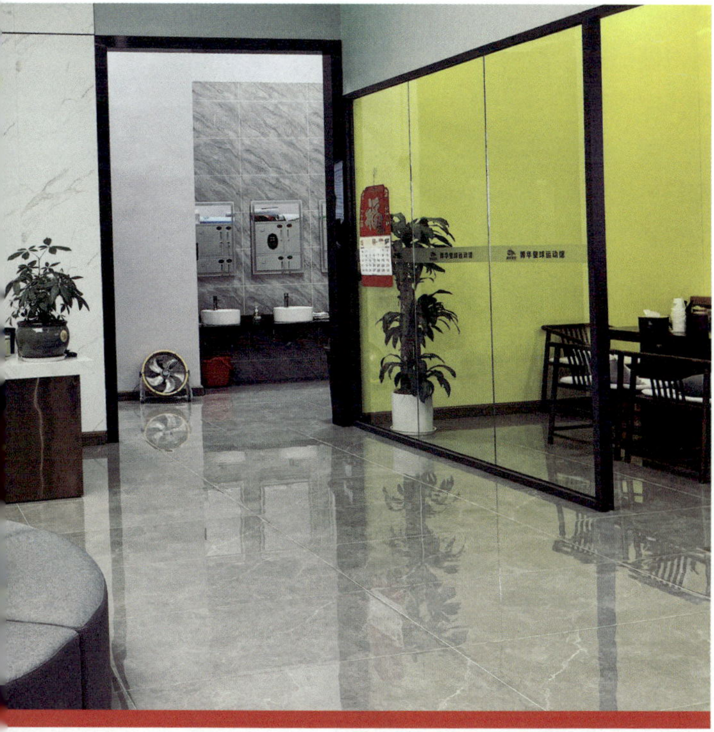

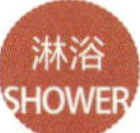

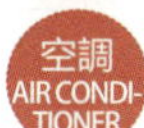

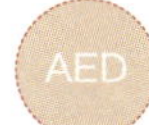

場館面積：450m^2

場地數量：2

空間高度：7m

場館類型：樓房改造

地面鋪設：龍骨＋地板＋地膠

燈光設計：羽毛球標準燈光

醫院距離：> 3km

車位數量：100

水木橡果全民健身中心

SHUIMUXIANGGUO NATIONAL FITNESS CENTER

红荔西路 5003 号现代演艺中心 115
115, Modern Performing Arts Center, No. 5003, Hongli West Road

- **场馆面积：** 2000m²
- **场地数量：** 9
- **空间高度：** 9m+
- **场馆类型：** 影剧院改造
- **地面铺设：** 龙骨 + 地板 + 地胶
- **灯光设计：** 羽毛球标准灯光
- **医院距离：** ＜ 2km
- **车位数量：** 60

- **VENUE AREA:** 2000m²
- **NUMBER OF BADMINTON COURTS:** 9
- **CEILING HEIGHT:** 9m+
- **VENUE TYPE:** cinema renovation
- **FLOOR PAVING:** keel+floor+adhesive
- **LIGHTING DESIGN:** badminton standard lighting
- **HOSPITAL DISTANCE:** ＜ 2km
- **NUMBER OF PARKING SPACES:** 60

地面铺设	地面鋪設	FLOOR PAVING
★★★	★★★	★★★
标准灯光	標準燈光	STANDARD LIGHTING
是	是	Yes

AED

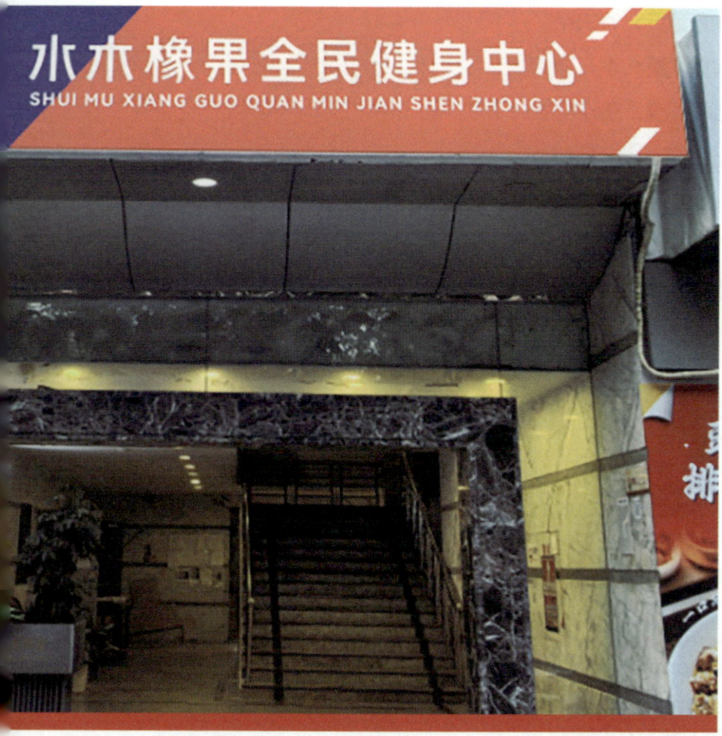

水木橡果全民健身中心

紅荔西路 5003 號現代演藝中心 115

場館面積： 2000m^2

場地數量： 9

空間高度： 9m+

場館類型： 影劇院改造

地面鋪設： 龍骨 + 地板 + 地膠

燈光設計： 羽毛球標準燈光

醫院距離： < 2km

車位數量： 60

万科·金域蓝湾羽毛球馆

VANKE JINYULANWAN BADMINTON HALL

福荣路 68 号万科金域蓝湾会所
Vanke Jinyulanwan Club, No. 68, Furong Road

场馆面积： 750m^2

场地数量： 4

空间高度： 9m+

场馆类型： 会所球馆

地面铺设： 龙骨 + 地板 + 地胶

灯光设计： 羽毛球标准灯光

医院距离： > 3km

车位数量： 20

VENUE AREA:
750m^2

NUMBER OF BADMINTON COURTS:
4

CEILING HEIGHT:
9m+

VENUE TYPE:
clubhouse hall

FLOOR PAVING:
keel+floor+adhesive

LIGHTING DESIGN:
badminton standard lighting

HOSPITAL DISTANCE:
> 3km

NUMBER OF PARKING SPACES:
20

地面铺设	地面鋪設	FLOOR PAVING
★★★	★★★	★★★
标准灯光	標準燈光	STANDARD LIGHTING
是	是	Yes

淋浴

空调

看台

AED

萬科 · 金域藍灣羽毛球館

福榮路 68 號萬科金域藍灣會所

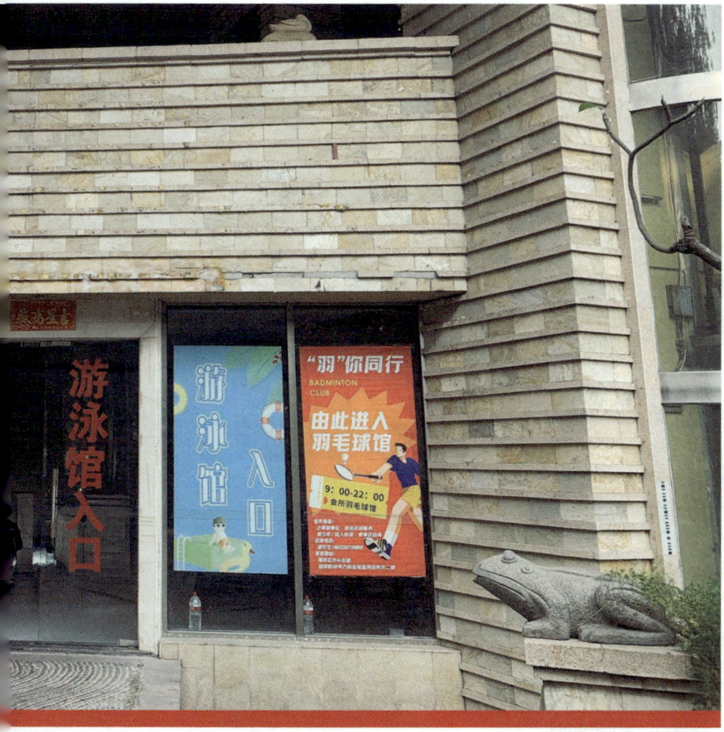

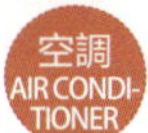

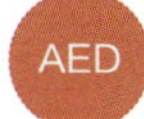

淋浴 SHOWER
空調 AIR CONDITIONER
看臺 STAND
AED

場館面積： 750m^2

場地數量： 4

空間高度： 9m+

場館類型： 会所球館

地面鋪設： 龍骨 + 地板 + 地膠

燈光設計： 羽毛球標準燈光

醫院距離： > 3km

車位數量： 20

锡才文化福保综合运动馆

XICAI CULTURE FUBAO COMPREHENSIVE SPORTS HALL

市花路 13 号仁锐物流北门

North Gate of Renrui Logistics,No.13,Shihua Road

- **场馆面积：** 6000m²
- **场地数量：** 44
- **空间高度：** 7m
- **场馆类型：** 厂房改造
- **地面铺设：** 龙骨 + 地板 + 地胶
- **灯光设计：** 羽毛球标准灯光
- **医院距离：** < 2km
- **车位数量：** 100+

- **VENUE AREA:** 6000m²
- **NUMBER OF BADMINTON COURTS:** 44
- **CEILING HEIGHT:** 7m
- **VENUE TYPE:** factory renovation
- **FLOOR PAVING:** keel+floor+adhesive
- **LIGHTING DESIGN:** badminton standard lighting
- **HOSPITAL DISTANCE:** < 2km
- **NUMBER OF PARKING SPACES:** 100+

地面铺设	地面鋪設	FLOOR PAVING
★★★	★★★	★★★
标准灯光	標準燈光	STANDARD LIGHTING
是	是	Yes

淋浴

空调

錫才文化福保綜合運動館

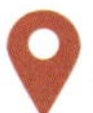

市花路 13 號仁銳物流北門

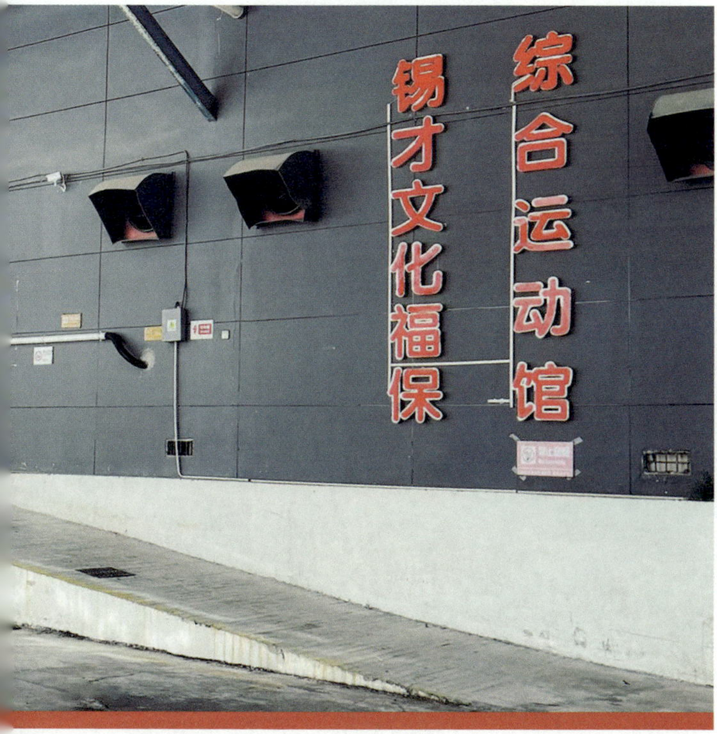

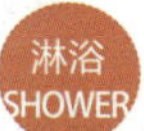

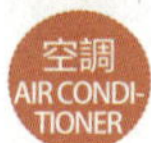

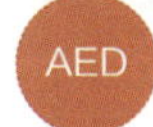

淋浴 SHOWER

空調 AIR CONDITIONER

看臺 STAND

AED

- 場館面積：6000m^2
- 場地數量：44
- 空間高度：7m
- 場館類型：廠房改造
- 地面鋪設：龍骨 + 地板 + 地膠
- 燈光設計：羽毛球標準燈光
- 醫院距離：< 2km
- 車位數量：100+

1. 东晓体育中心羽毛球馆 / 東曉體育中心羽毛球館
DONGXIAO SPORTS CENTER BADMINTON HALL
2. 银湖羽毛球馆 / 銀湖羽毛球館
YINHU BADMINTON HALL
3. 深巴羽毛球館 / 深巴羽毛球館
SUNBA BADMINTON HALL
4. 东晓羽毛球馆 / 東曉羽毛球館
DONGXIAO BADMINTON HALL
5. 厚业文体中心 / 厚業文體中心
HOUYE CULTURE AND SPORTS CENTER
6. 罗湖超越羽毛球馆 / 羅湖超越羽毛球館
LUOHU CHAOYUE BADMINTON HALL
7. 千羽千寻羽毛球俱乐部 / 千羽千尋羽毛球俱樂部
ALBIS BADMINTON CLUB

罗湖／羅湖

LUOHU

东晓体育中心羽毛球馆

DONGXIAO SPORTS CENTER BADMINTON HALL

泥岗东路 1102 号
No. 1102, Nigang East Road

场馆面积： 5200m^2
场地数量： 40
空间高度： 9m+
场馆类型： 气膜馆
地面铺设： 龙骨 + 地板 + 地胶
灯光设计： 头顶灯光
医院距离： < 2km
车位数量： 150

VENUE AREA:
5200m^2

NUMBER OF BADMINTON COURTS:
40

CEILING HEIGHT:
9m+

VENUE TYPE:
air film stadium

FLOOR PAVING:
keel+floor+adhesive

LIGHTING DESIGN:
overhead lighting

HOSPITAL DISTANCE:
< 2km

NUMBER OF PARKING SPACES:
150

地面铺设	地面鋪設	FLOOR PAVING
★★★	★★★	★★★
标准灯光	標準燈光	STANDARD LIGHTING
否	否	No

淋浴
空调

看台
AED

東曉體育中心羽毛球館

泥崗東路 1102 號

場館面積： $5200m^2$

場地數量： 40

空間高度： 9m+

場館類型： 氣膜館

地面鋪設： 龍骨 + 地板 + 地膠

燈光設計： 頭頂燈光

醫院距離： < 2km

車位數量： 150

银湖羽毛球馆

YINHU BADMINTON HALL

上步北路 2008 号银湖大厦右侧附属 03 号

No. 03, Right Side of Yinhu Building, No. 2008, Shangbu North Road

场馆面积： 3500m^2

场地数量： 22

空间高度： 9m+

场馆类型： 气膜馆

地面铺设： 龙骨 + 地板 + 地胶

灯光设计： 羽毛球标准灯光

医院距离： < 2km

车位数量： 50

VENUE AREA:
3500m^2

NUMBER OF BADMINTON COURTS:
22

CEILING HEIGHT:
9m+

VENUE TYPE:
air film stadium

FLOOR PAVING:
keel+floor+adhesive

LIGHTING DESIGN:
badminton standard lighting

HOSPITAL DISTANCE:
< 2km

NUMBER OF PARKING SPACES:
50

地面铺设	地面鋪設	FLOOR PAVING
★★★	★★★	★★★
标准灯光	標準燈光	STANDARD LIGHTING
是	是	Yes

看台

銀湖羽毛球館

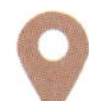

上步北路 2008 號銀湖大厦右側附屬 03 號

淋浴 SHOWER
空調 AIR CONDITIONER
看臺 STAND
AED

場館面積：3500m²
場地數量：22
空間高度：9m+
場館類型：氣膜館
地面鋪設：龍骨 + 地板 + 地膠
燈光設計：羽毛球標準燈光
醫院距離：< 2km
車位數量：50

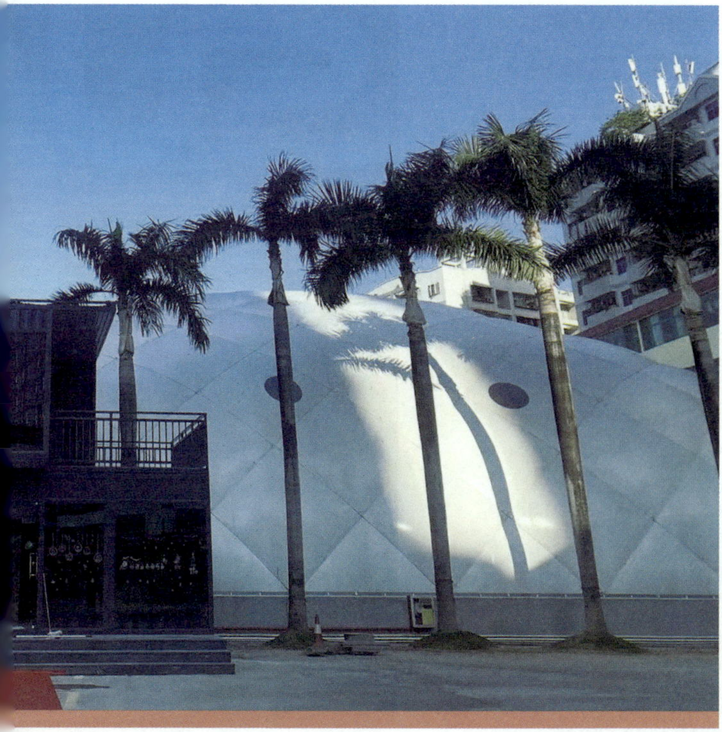

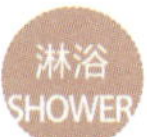

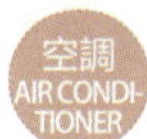

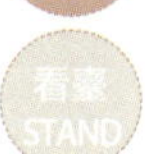

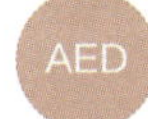

深巴羽毛球馆

SUNBA BADMINTON HALL

金稻田路 1189 号草埔大修厂内

Inside Caopu Maintenance Factory, No. 1189, Jindaotian Road

场馆面积： 3000m^2

场地数量： 13

空间高度： 9m+

场馆类型： 厂房改造

地面铺设： 龙骨 + 地板 + 地胶

灯光设计： 羽毛球标准灯光

医院距离： < 2km

车位数量： 60

VENUE AREA:
3000m^2

NUMBER OF BADMINTON COURTS:
13

CEILING HEIGHT:
9m+

VENUE TYPE:
factory renovation

FLOOR PAVING:
keel+floor+adhesive

LIGHTING DESIGN:
badminton standard lighting

HOSPITAL DISTANCE:
< 2km

NUMBER OF PARKING SPACES:
60

地面铺设	地面鋪設	FLOOR PAVING
★★★	★★★	★★★
标准灯光	標準燈光	STANDARD LIGHTING
是	是	Yes

淋浴

空调

看台

AED

深巴羽毛球館

金稻田路 1189 號草埔大修廠內

淋浴 SHOWER

空調 AIR CONDITIONER

看臺 STAND

AED

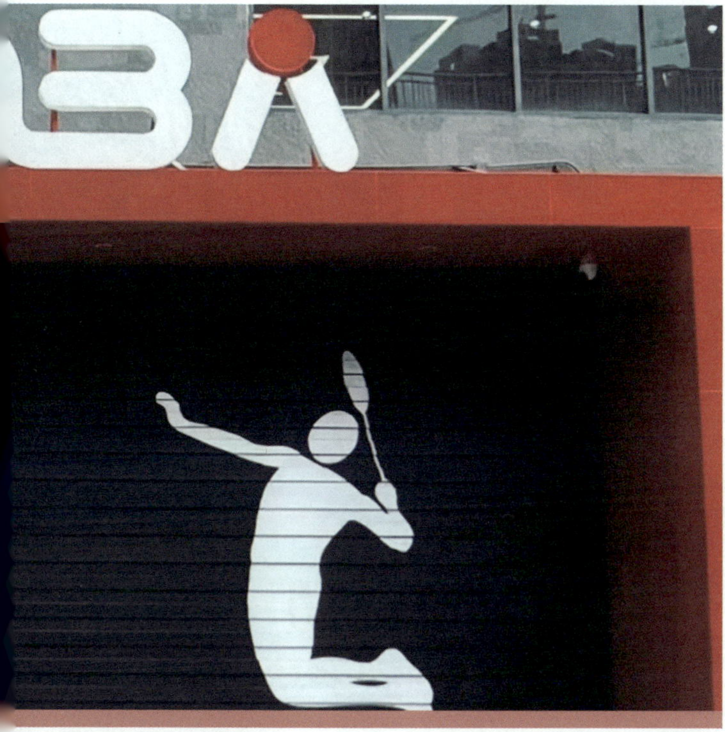

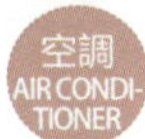

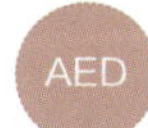

場館面積： $3000m^2$

場地數量： 13

空間高度： 9m+

場館類型： 廠房改造

地面鋪設： 龍骨 + 地板 + 地膠

燈光設計： 羽毛球標準燈光

醫院距離： < 2km

車位數量： 60

东晓羽毛球馆

DONGXIAO BADMINTON HALL

东晓路 3039 号特力布心工业区 8 号馆 1 楼北侧
1st Floor North Side, Block 8, Teli Buxin Industrial Zone, No. 3039, Dongxiao Road

- **场馆面积：** 960m^2
- **场地数量：** 8
- **空间高度：** 9m+
- **场馆类型：** 厂房改造
- **地面铺设：** 其他
- **灯光设计：** 羽毛球标准灯光
- **医院距离：** > 3km
- **车位数量：** 50

- **VENUE AREA:** 960m^2
- **NUMBER OF BADMINTON COURTS:** 8
- **CEILING HEIGHT:** 9m+
- **VENUE TYPE:** factory renovation
- **FLOOR PAVING:** other
- **LIGHTING DESIGN:** badminton standard lighting
- **HOSPITAL DISTANCE:** > 3km
- **NUMBER OF PARKING SPACES:** 50

地面铺设	地面鋪設	FLOOR PAVING
★	★	★
标准灯光	標準燈光	STANDARD LIGHTING
是	是	Yes

東曉羽毛球館

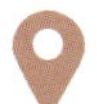

東曉路 3039 號特力布心工業區 8 號館 1 樓北側

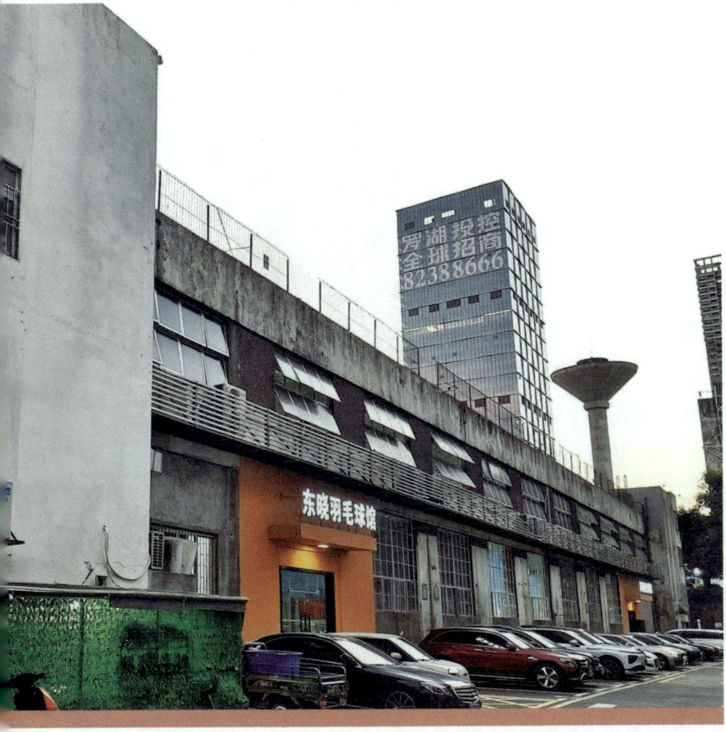

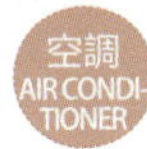

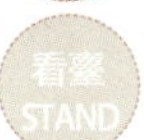

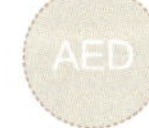

淋浴 SHOWER
空調 AIR CONDITIONER
看臺 STAND
AED

場館面積：960m²
場地數量：8
空間高度：9m+
場館類型：廠房改造
地面鋪設：其他
燈光設計：羽毛球標準燈光
醫院距離：> 3km
車位數量：50

厚业文体中心

HOUYE CULTURE AND SPORTS CENTER

文锦南路 1001 号粤运大厦 3 楼
3rd Floor, Yueyun Building, No. 1001,Wenjin South Road

场馆面积： 3000m^2
场地数量： 14
空间高度： 9m+
场馆类型： 楼房改造
地面铺设： 其他
灯光设计： 羽毛球标准灯光
医院距离： < 2km
车位数量： 80

VENUE AREA:
3000m^2

NUMBER OF BADMINTON COURTS:
14

CEILING HEIGHT:
9m+

VENUE TYPE:
building renovation

FLOOR PAVING:
other

LIGHTING DESIGN:
badminton standard lighting

HOSPITAL DISTANCE:
< 2km

NUMBER OF PARKING SPACES:
80

地面铺设	地面鋪設	FLOOR PAVING
★	★	★
标准灯光	標準燈光	STANDARD LIGHTING
是	是	Yes

淋浴

看台

厚業文體中心

文錦南路 1001 號粵運大厦 3 樓

淋浴 SHOWER

空調 AIR CONDITIONER

看臺 STAND

AED

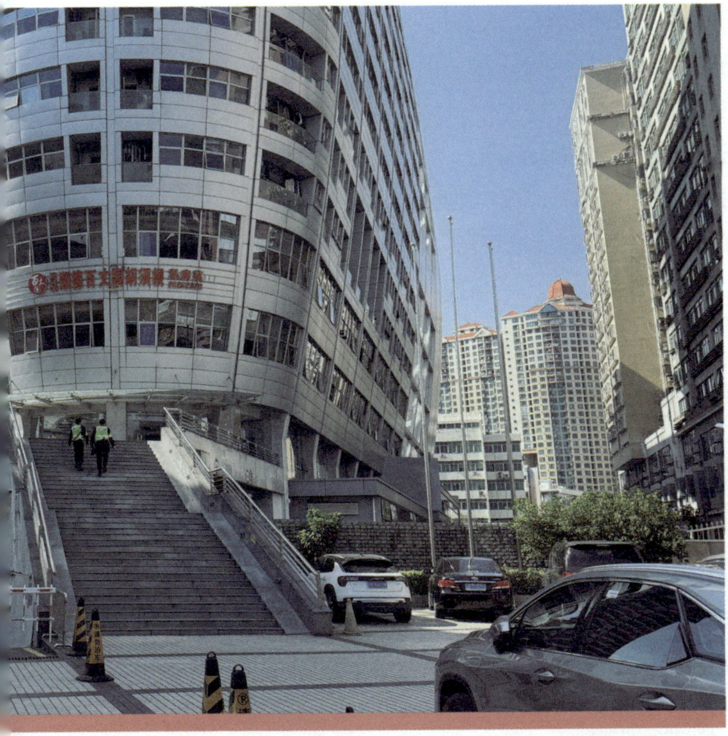

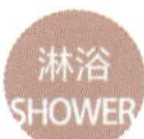

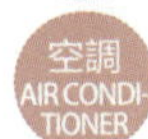

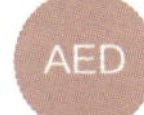

場館面積：3000m^2

場地數量：14

空間高度：9m+

場館類型：樓房改造

地面鋪設：其他

燈光設計：羽毛球標準燈光

醫院距離：< 2km

車位數量：80

罗湖超越羽毛球馆

LUOHU CHAOYUE BADMINTON HALL

宝安北路 4008 号旭日阳光文体中心 2 楼
2nd Floor, SUNCHINA Culture & Sports Center, No. 4008, Bao'an North Road

场馆面积： 2000m²
场地数量： 12
空间高度： 9m+
场馆类型： 文体中心商场
地面铺设： 龙骨 + 地板 + 地胶
灯光设计： 羽毛球标准灯光
医院距离： < 2km
车位数量： 400

VENUE AREA:
2000m²

NUMBER OF BADMINTON COURTS:
12

CEILING HEIGHT:
9m+

VENUE TYPE:
cuture and sports center shopping mall

FLOOR PAVING:
keel+floor+adhesive

LIGHTING DESIGN:
badminton standard lighting

HOSPITAL DISTANCE:
< 2km

NUMBER OF PARKING SPACES:
400

地面铺设	地面鋪設	FLOOR PAVING
★★★	★★★	★★★
标准灯光	標準燈光	STANDARD LIGHTING
是	是	Yes

淋浴
空调
看台

AED

羅湖超越羽毛球館

寶安北路 4008 號旭日陽光文體中心 2 樓

淋浴 SHOWER

空調 AIR CONDITIONER

看臺 STAND

AED

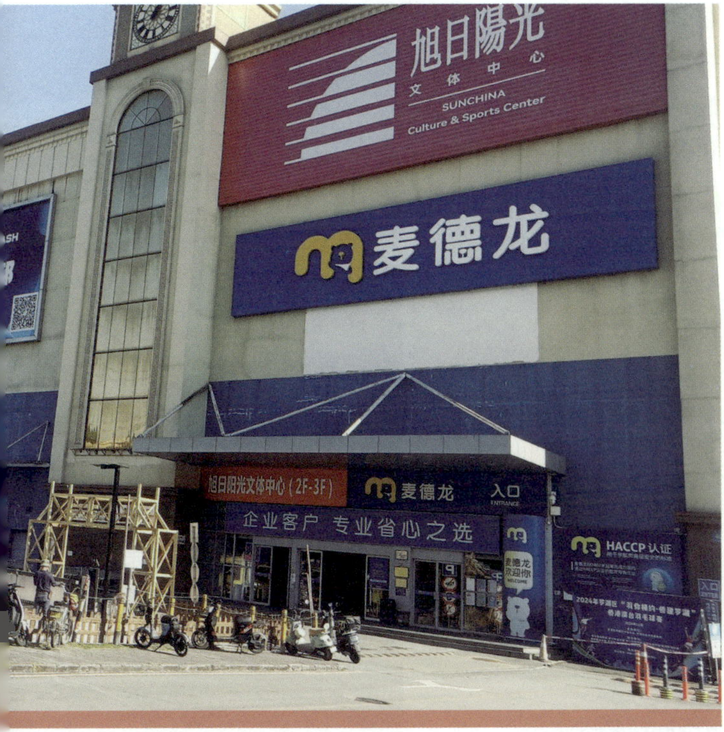

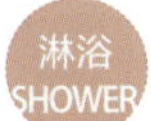

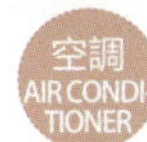

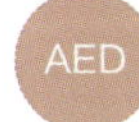

- **場館面積：** 2000m^2
- **場地數量：** 12
- **空間高度：** 9m+
- **場館類型：** 文體中心商場
- **地面鋪設：** 龍骨 + 地板 + 地膠
- **燈光設計：** 羽毛球標準燈光
- **醫院距離：** < 2km
- **車位數量：** 400

千羽千寻羽毛球俱乐部

ALBIS BADMINTON CLUB

黄贝路 2017 号动漫大厦 4 楼
4th Floor, Animation Building, No. 2017, Huangbei Road

- **场馆面积：** $478m^2$
- **场地数量：** 2
- **空间高度：** 9m+
- **场馆类型：** 商业写字楼
- **地面铺设：** 龙骨 + 地板 + 地胶
- **灯光设计：** 羽毛球标准灯光
- **医院距离：** < 2km
- **车位数量：** 100

- **VENUE AREA:** $478m^2$
- **NUMBER OF BADMINTON COURTS:** 2
- **CEILING HEIGHT:** 9m+
- **VENUE TYPE:** commercial office building
- **FLOOR PAVING:** keel+floor+adhesive
- **LIGHTING DESIGN:** badminton standard lighting
- **HOSPITAL DISTANCE:** < 2km
- **NUMBER OF PARKING SPACES:** 100

地面铺设	地面鋪設	FLOOR PAVING
★★★	★★★	★★★
标准灯光	標準燈光	STANDARD LIGHTING
是	是	Yes

淋浴
空调
看台
AED

千羽千尋羽毛球俱樂部

黄貝路 2017 號動漫大厦 4 樓

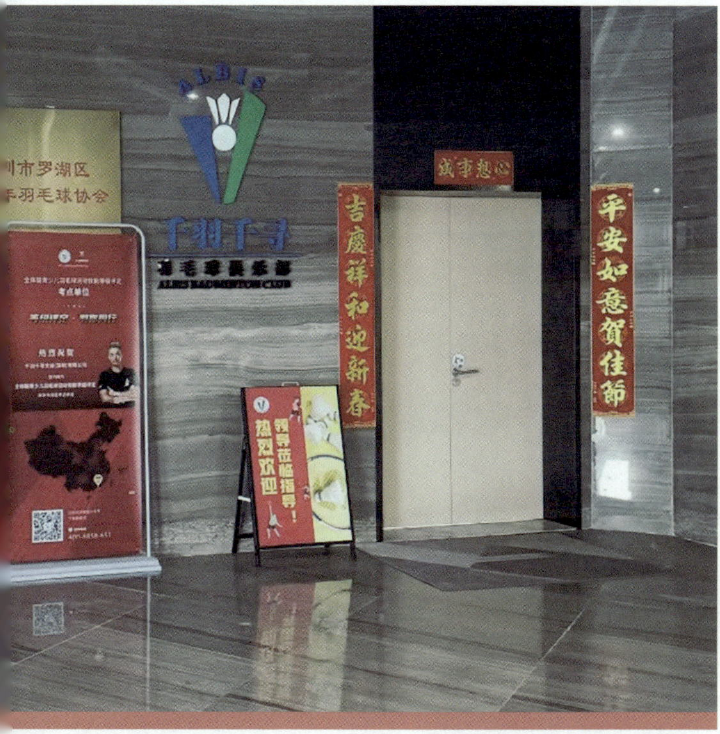

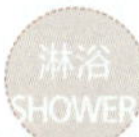

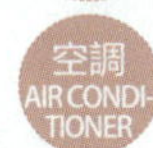

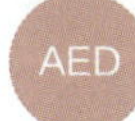

淋浴 SHOWER

空調 AIR CONDI-TIONER

看臺 STAND

AED

- 場館面積：$478m^2$
- 場地數量：2
- 空間高度：9m+
- 場館類型：商業寫字樓
- 地面鋪設：龍骨 + 地板 + 地膠
- 燈光設計：羽毛球標準燈光
- 醫院距離：< 2km
- 車位數量：100

1. 千羽千寻羽毛球专项集训基地 / 千羽千尋羽毛球專項集訓基地

ALBIS BADMINTON SPECIALIZED TRAINING BASE

2. 蓝郡广场会所羽毛球馆 / 藍郡廣場會所羽毛球館

LANJUN SQUARE CLUBHOUSE BADMINTON HALL

盐田／鹽田

YANTIAN

千羽千寻羽毛球专项集训基地

ALBIS BADMINTON SPECIALIZED TRAINING BASE

太平洋工业区 10 栋 2 楼
2nd Floor, Building 10, Pacific Industrial Zone

场馆面积： 2000m^2

场地数量： 10

空间高度： 9m+

场馆类型： 厂房改造

地面铺设： 龙骨 + 地板 + 地胶

灯光设计： 羽毛球标准灯光

医院距离： < 2km

车位数量： 50

VENUE AREA:
2000m^2

NUMBER OF BADMINTON COURTS:
10

CEILING HEIGHT:
9m+

VENUE TYPE:
factory renovation

FLOOR PAVING:
keel+floor+adhesive

LIGHTING DESIGN:
badminton standard lighting

HOSPITAL DISTANCE:
< 2km

NUMBER OF PARKING SPACES:
50

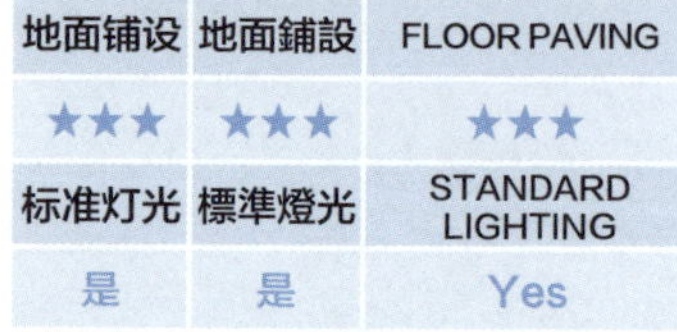

地面铺设	地面鋪設	FLOOR PAVING
★★★	★★★	★★★
标准灯光	標準燈光	STANDARD LIGHTING
是	是	Yes

淋浴
空调
看台
AED

千羽千尋羽毛球專項集訓基地

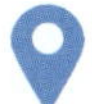

太平洋工業區 10 棟 2 樓

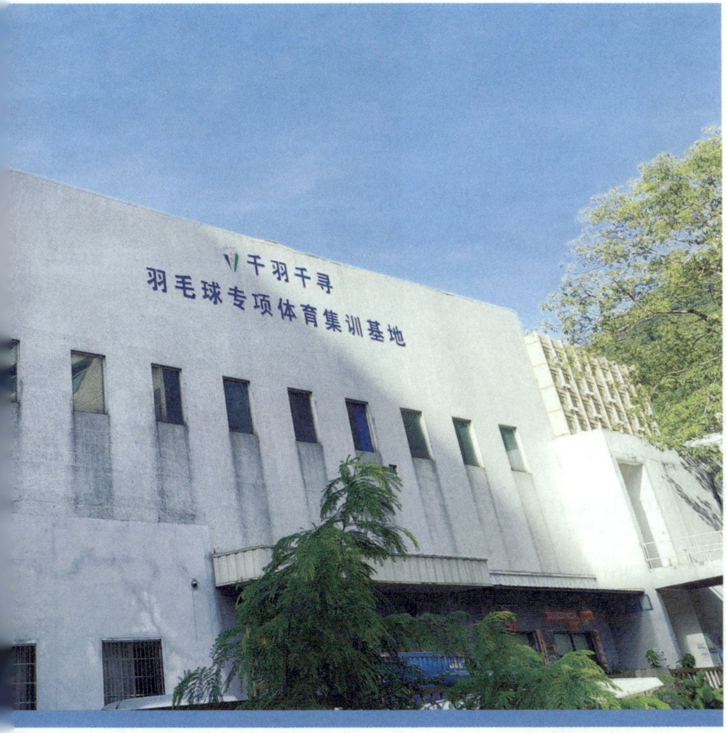

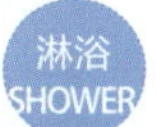

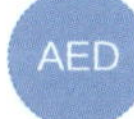

淋浴 SHOWER
空調 AIR CONDI-TIONER
看臺 STAND
AED

場館面積：2000m²
場地數量：10
空間高度：9m+
場館類型：廠房改造

地面鋪設：龍骨 + 地板 + 地膠
燈光設計：羽毛球標準燈光
醫院距離：< 2km
車位數量：50

蓝郡广场会所羽毛球馆

LANJUN SQUARE CLUBHOUSE BADMINTON HALL

海景二路 1039 号蓝郡广场
Lanjun Square, No.1039, Haijing 2nd Road

场馆面积： 500m^2
场地数量： 4
空间高度： 9m+
场馆类型： 楼房改造
地面铺设： 龙骨 + 地板 + 地胶
灯光设计： 羽毛球标准灯光
医院距离： > 3km
车位数量： 50

VENUE AREA:
500m^2

NUMBER OF BADMINTON COURTS:
4

CEILING HEIGHT:
9m+

VENUE TYPE:
building renovation

FLOOR PAVING:
keel+floor+adhesive

LIGHTING DESIGN:
badminton standard lighting

HOSPITAL DISTANCE:
> 3km

NUMBER OF PARKING SPACES:
50

地面铺设	地面鋪設	FLOOR PAVING
★★★	★★★	★★★
标准灯光	標準燈光	STANDARD LIGHTING
是	是	Yes

藍郡廣場會所羽毛球館

海景二路 1039 號藍郡廣場

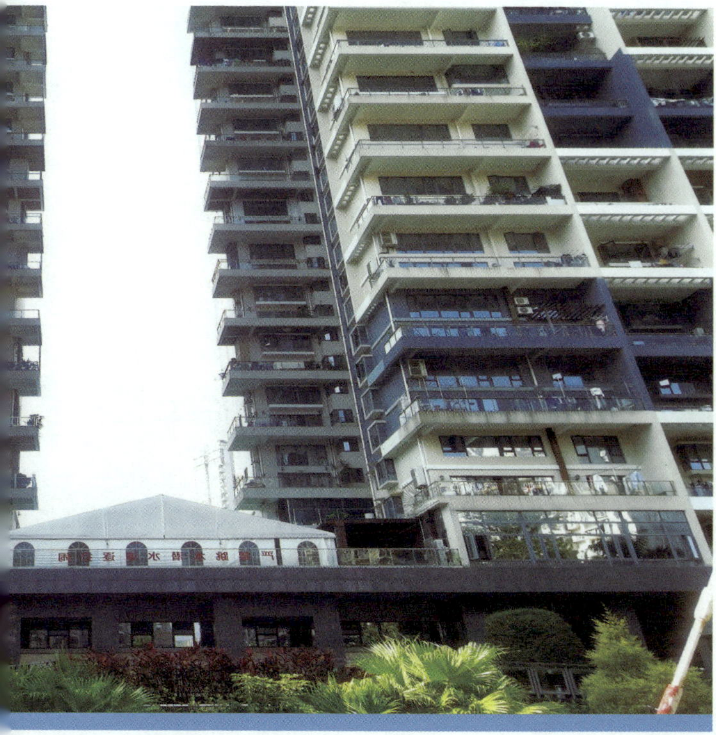

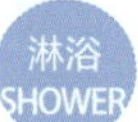

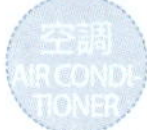

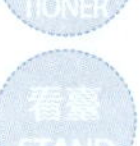

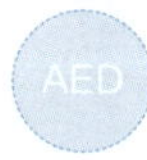

淋浴 SHOWER

空調 AIR CONDITIONER

看臺 STAND

AED

場館面積：500m²

場地數量：4

空間高度：9m+

場館類型：樓房改造

地面鋪設：龍骨 + 地板 + 地膠

燈光設計：羽毛球標準燈光

醫院距離：> 3km

車位數量：50

1. 深圳湾体育中心羽毛球馆 / 深圳灣體育中心羽毛球館
SHENZHEN BAY SPORTS CENTER BADMINTON HALL
2. 深云文体公园 2 号羽毛球馆 / 深雲文體公園 2 號羽毛球館
SHENYUN CULTURE AND SPORTS PARK BADMINTON HALL 2
3. 深云文体公园 1 号羽毛球馆 / 深雲文體公園 1 號羽毛球館
SHENYUN CULTURE AND SPORTS PARK BADMINTON HALL1
4. 飞马沙河体育中心 / 飛馬沙河體育中心
FEIMA SHAHE SPORTS CENTER
5.OT 羽毛球运动中心 /OT 羽毛球運動中心
OT BADMINTON SPORTS CENTER
6. 同乐体育公园羽毛球 B 馆 / 同樂體育公園羽毛球 B 館
TONGLE SPORTS PARK BADMINTON HALL B
7. 同乐体育公园羽毛球 A 馆 / 同樂體育公園羽毛球 A 館
TONGLE SPORTS PARK BADMINTON HALL A
8. 超牌深羽羽毛球馆 / 超牌深羽羽毛球館
CHAOPAI SHENYU BADMINTON HALL
9. 新羽胜羽毛球馆 / 新羽勝羽毛球館
XINYUSHENG BADMINTON HALL
10. 龙珠羽毛球馆 / 龍珠羽毛球館
LONGZHU BADMINTON HALL
11. 东角头羽毛球馆 / 東角頭羽毛球館
DONGJIAOTOU BADMINTON HALL
12. 壹恒羽毛球俱乐部 / 壹恒羽毛球俱樂部
YIHENG BADMINTON CLUB
13. 时刻羽球超牌主题馆 / 時刻羽球超牌主題館
SHIKE BADMINTON CHAOPAI THEME HALL
14. 传奇羽毛球馆 / 傳奇羽毛球館
LEGEND BADMINTON HALL
15. 新羽胜半岛城邦运动中心羽毛球馆 / 新羽勝半島城邦運動中心羽毛球館
XINYUSHENG BANDAOCHENGBANG SPORTS CENTER BADMINTON HALL
16. 健丽文体馆 / 健麗文體館
JIANLI CULTURE AND SPORTS CENTER
17. 新羽胜羽毛球俱乐部 / 新羽勝羽毛球俱樂部
XINYUSHENG BADMINTON CLUB
18. 蓝宝体育羽毛球馆 / 藍寶體育羽毛球館
LANBAO SPORTS BADMINTON HALL
19. 智江适能羽毛球馆 / 智江適能羽毛球館
ZHIJIANG FITNESS BADMINTON HALL

NANSHAN

南山/南山

深圳湾体育中心羽毛球馆

SHENZHEN BAY SPORTS CENTER BADMINTON HALL

滨海大道 3001 号
No. 3001, Binhai Avenue

- **场馆面积：** 2800m²
- **场地数量：** 20
- **空间高度：** 9m+
- **场馆类型：** 体育馆副馆
- **地面铺设：** 龙骨 + 地板 + 地胶
- **灯光设计：** 羽毛球标准灯光
- **医院距离：** > 3km
- **车位数量：** 100+

- **VENUE AREA:** 2800m²
- **NUMBER OF BADMINTON COURTS:** 20
- **CEILING HEIGHT:** 9m+
- **VENUE TYPE:** gymnasium annex
- **FLOOR PAVING:** keel+floor+adhesive
- **LIGHTING DESIGN:** badminton standard lighting
- **HOSPITAL DISTANCE:** > 3km
- **NUMBER OF PARKING SPACES:** 100+

地面铺设	地面鋪設	FLOOR PAVING
★★★	★★★	★★★
标准灯光	標準燈光	STANDARD LIGHTING
是	是	Yes

淋浴
空调
看台
AED

深圳灣體育中心羽毛球館

濱海大道 3001 號

淋浴 SHOWER

空調 AIR CONDITIONER

看臺 STAND

AED

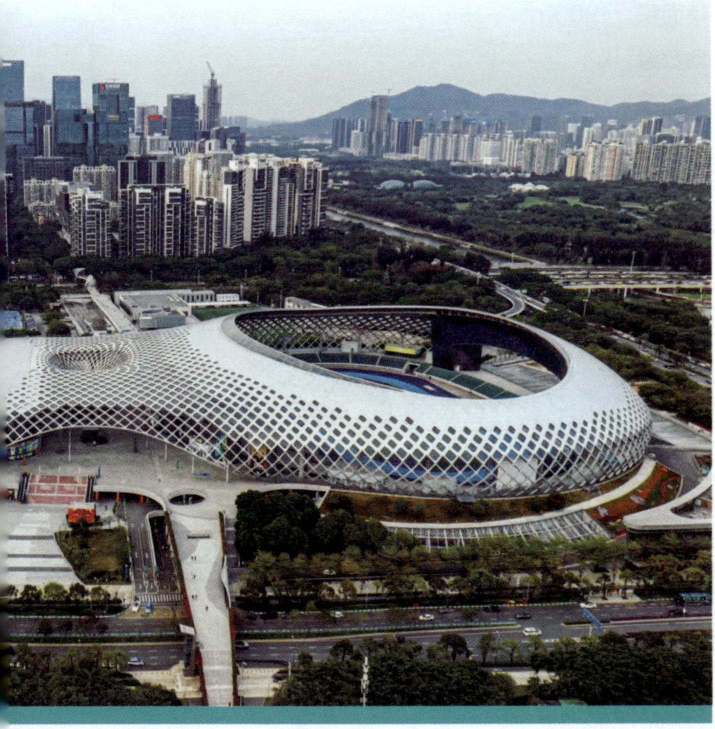

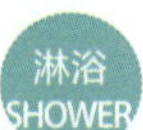

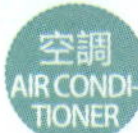

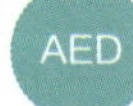

場館面積：2800m²

場地數量：20

空間高度：9m+

場館類型：體育館副館

地面鋪設：龍骨 + 地板 + 地膠

燈光設計：羽毛球標準燈光

醫院距離：> 3km

車位數量：100+

深云文体公园 2 号羽毛球馆

SHENYUN CULTURE AND SPORTS PARK BADMINTON HALL 2

南坪快速路东 100 米
100 meters East of Nanping Expressway

- **场馆面积：** $1900m^2$
- **场地数量：** 8
- **空间高度：** 9m+
- **场馆类型：** 楼房改造
- **地面铺设：** 龙骨 + 地板 + 地胶
- **灯光设计：** 羽毛球标准灯光
- **医院距离：** < 2km
- **车位数量：** 350

- **VENUE AREA:**
  $1900m^2$
- **NUMBER OF BADMINTON COURTS:**
  8
- **CEILING HEIGHT:**
  9m+
- **VENUE TYPE:**
  building renovation
- **FLOOR PAVING:**
  keel+floor+adhesive
- **LIGHTING DESIGN:**
  badminton standard lighting
- **HOSPITAL DISTANCE:**
  < 2km
- **NUMBER OF PARKING SPACES:**
  350

看台

地面铺设	地面鋪設	FLOOR PAVING
★★★	★★★	★★★
标准灯光	標準燈光	STANDARD LIGHTING
是	是	Yes

深雲文體公園 2 號羽毛球館

南坪快速路東 100 米

淋浴 SHOWER
空調 AIR CONDITIONER
看臺 STAND
AED

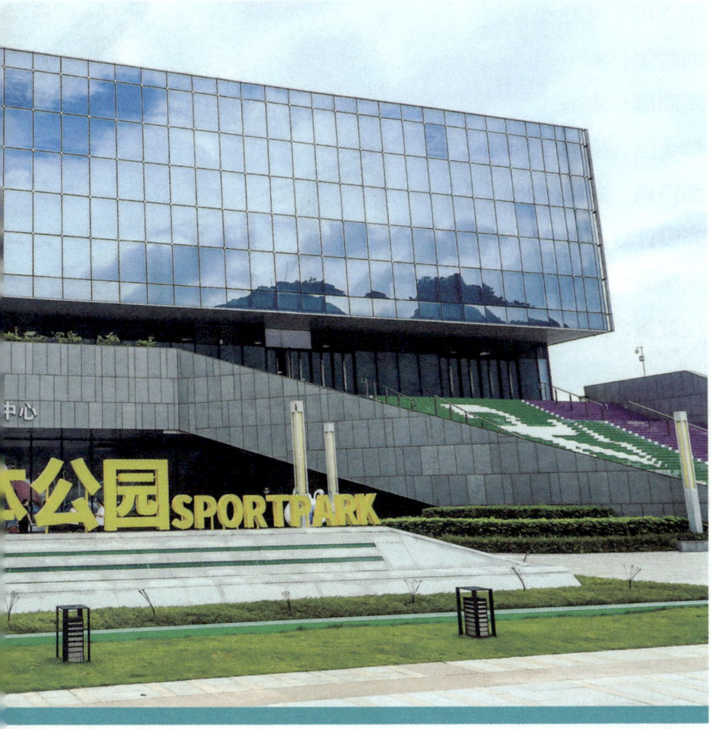

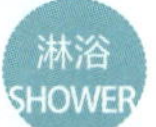

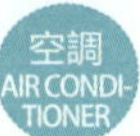

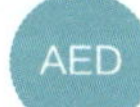

場館面積：$1900m^2$

場地數量：8

空間高度：9m+

場館類型：樓房改造

地面鋪設：龍骨 + 地板 + 地膠

燈光設計：羽毛球標準燈光

醫院距離：< 2km

車位數量：350

深云文体公园 1 号羽毛球馆

SHENYUN CULTURE AND SPORTS PARK BADMINTON HALL1

南坪快速路东 100 米
100 meters East of Nanping Expressway

- **场馆面积：** 500m^2
- **场地数量：** 3
- **空间高度：** 9m+
- **场馆类型：** 楼房改造
- **地面铺设：** 龙骨 + 地板 + 地胶
- **灯光设计：** 羽毛球标准灯光
- **医院距离：** < 2km
- **车位数量：** 350

- **VENUE AREA:** 500m^2
- **NUMBER OF BADMINTON COURTS:** 3
- **CEILING HEIGHT:** 9m+
- **VENUE TYPE:** building renovation
- **FLOOR PAVING:** keel+floor+adhesive
- **LIGHTING DESIGN:** badminton standard lighting
- **HOSPITAL DISTANCE:** < 2km
- **NUMBER OF PARKING SPACES:** 350

地面铺设	地面鋪設	FLOOR PAVING
★★★	★★★	★★★
标准灯光	標準燈光	STANDARD LIGHTING
是	是	Yes

淋浴
空调
看台
AED

深雲文體公園 1 號羽毛球館

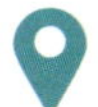

南坪快速路東 100 米

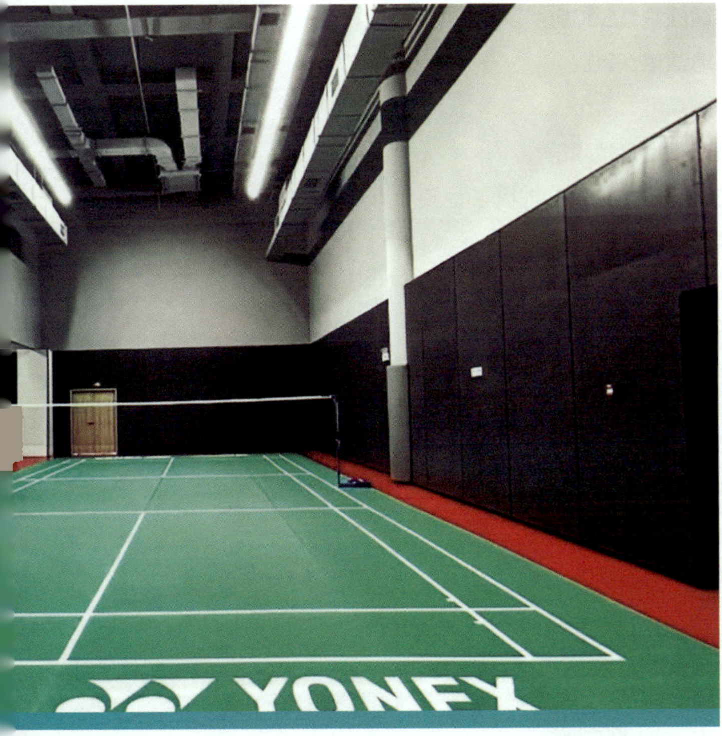

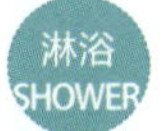

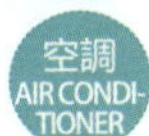

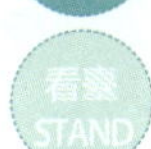

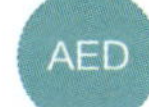

淋浴 SHOWER

空調 AIR CONDITIONER

看臺 STAND

AED

場館面積：500m²

場地數量：3

空間高度：9m+

場館類型：樓房改造

地面鋪設：龍骨 + 地板 + 地膠

燈光設計：羽毛球標準燈光

醫院距離：< 2km

車位數量：350

飞马沙河体育中心

FEIMA SHAHE SPORTS CENTER

白石路 2299 号

No. 2299, Baishi Road

- **场馆面积：** 3500m²
- **场地数量：** 20
- **空间高度：** 9m+
- **场馆类型：** 气膜馆
- **地面铺设：** 龙骨 + 地板 + 地胶
- **灯光设计：** 头顶灯光
- **医院距离：** < 2km
- **车位数量：** 70

- **VENUE AREA:** 3500m²
- **NUMBER OF BADMINTON COURTS:** 20
- **CEILING HEIGHT:** 9m+
- **VENUE TYPE:** air film stadium
- **FLOOR PAVING:** keel+floor+adhesive
- **LIGHTING DESIGN:** overhead lighting
- **HOSPITAL DISTANCE:** < 2km
- **NUMBER OF PARKING SPACES:** 70

地面铺设	地面鋪設	FLOOR PAVING
★★★	★★★	★★★
标准灯光	標準燈光	STANDARD LIGHTING
否	否	No

淋浴

空调

看台

飛馬沙河體育中心

白石路 2299 號

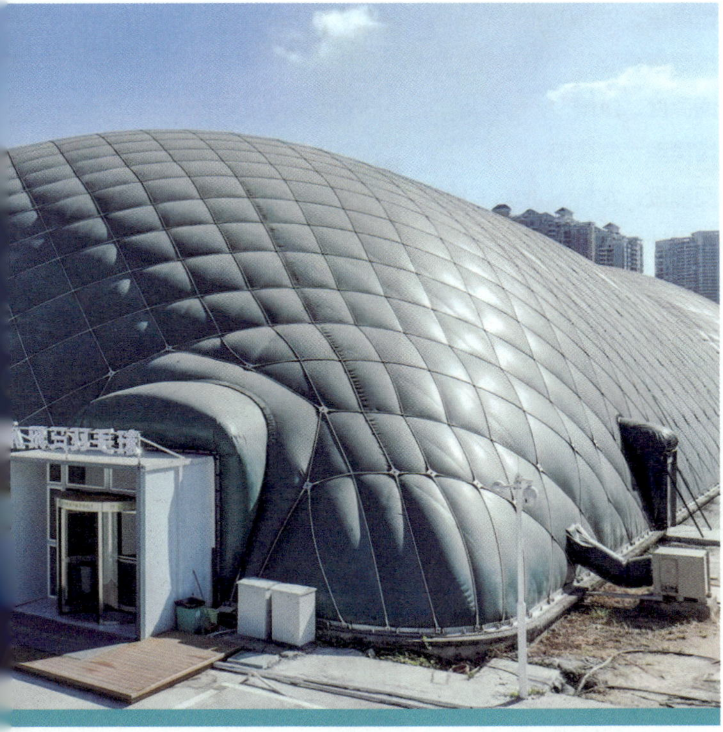

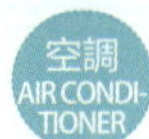

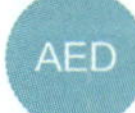

淋浴 SHOWER

空調 AIR CONDITIONER

看臺 STAND

AED

場館面積：3500m²

場地數量：20

空間高度：9m+

場館類型：氣膜館

地面鋪設：龍骨 + 地板 + 地膠

燈光設計：頭頂燈光

醫院距離：< 2km

車位數量：70

OT 羽毛球运动中心

OT BADMINTON SPORTS CENTER

智恒产业园 31 栋（立体停车场）4 层

4th Floor,Building 31, Zhiheng Industrial Park (Stereoscopic Parking Lot)

场馆面积： $2000m^2$

场地数量： 14

空间高度： 9m+

场馆类型： 气膜馆

地面铺设： 龙骨 + 地板 + 地胶

灯光设计： 羽毛球标准灯光

医院距离： < 2km

车位数量： 10

VENUE AREA:
$2000m^2$

NUMBER OF BADMINTON COURTS:
14

CEILING HEIGHT:
9m+

VENUE TYPE:
air film stadium

FLOOR PAVING:
keel+floor+adhesive

LIGHTING DESIGN:
badminton standard lighting

HOSPITAL DISTANCE:
< 2km

NUMBER OF PARKING SPACES:
10

地面铺设	地面鋪設	FLOOR PAVING
★★★	★★★	★★★
标准灯光	標準燈光	STANDARD LIGHTING
是	是	Yes

淋浴
空调
看台
AED

OT 羽毛球運動中心

智恒產業園 31 棟（立體停車場）4 層

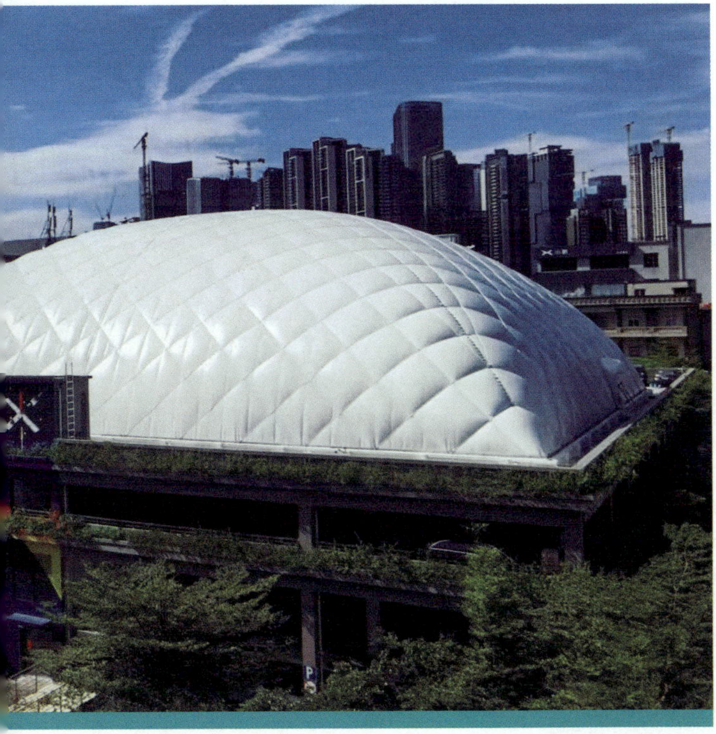

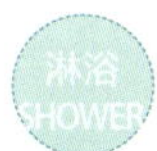

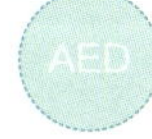

淋浴 SHOWER

空調 AIR CONDITIONER

看臺 STAND

AED

場館面積：2000m²

場地數量：14

空間高度：9m+

場館類型：氣膜館

地面鋪設：龍骨 + 地板 + 地膠

燈光設計：羽毛球標準燈光

醫院距離：< 2km

車位數量：10

同乐体育公园羽毛球 B 馆

TONGLE SPORTS PARK BADMINTON HALL B

同乐村 192 号
No.192, Tongle Village

场馆面积： 2600m^2
场地数量： 15
空间高度： 9m+
场馆类型： 厂房改造
地面铺设： 龙骨 + 地板 + 地胶
灯光设计： 羽毛球标准灯光
医院距离： < 2km
车位数量： 500

VENUE AREA:
2600m^2

NUMBER OF BADMINTON COURTS:
15

CEILING HEIGHT:
9m+

VENUE TYPE:
factory renovation

FLOOR PAVING:
keel+floor+adhesive

LIGHTING DESIGN:
badminton standard lighting

HOSPITAL DISTANCE:
< 2km

NUMBER OF PARKING SPACES:
500

地面铺设	地面鋪設	FLOOR PAVING
★★★	★★★	★★★
标准灯光	標準燈光	STANDARD LIGHTING
是	是	Yes

淋浴
空调
看台
AED

同樂體育公園羽毛球 B 館

同樂村 192 號

淋浴 SHOWER

空調 AIR CONDITIONER

看臺 STAND

AED

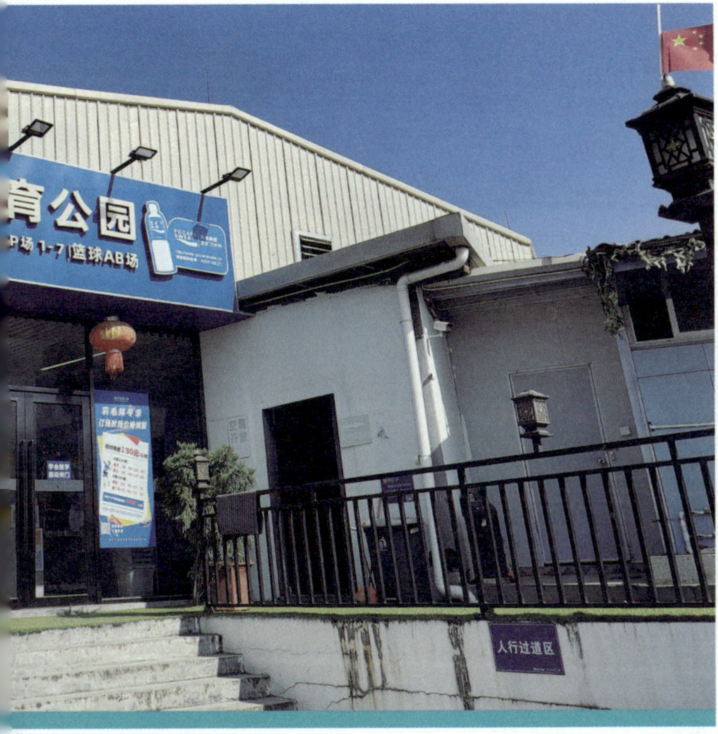

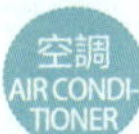

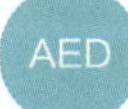

場館面積： $2600m^2$

場地數量： 15

空間高度： 9m+

場館類型： 廠房改造

地面鋪設： 龍骨 + 地板 + 地膠

燈光設計： 羽毛球標準燈光

醫院距離： < 2km

車位數量： 500

同乐体育公园羽毛球 A 馆

TONGLE SPORTS PARK BADMINTON HALL A

同乐村 192 号
No.192, Tongle Village

- **场馆面积：** 2200m^2
- **场地数量：** 17
- **空间高度：** 9m+
- **场馆类型：** 厂房改造
- **地面铺设：** 其他
- **灯光设计：** 羽毛球标准灯光
- **医院距离：** < 2km
- **车位数量：** 500

- **VENUE AREA:** 2200m^2
- **NUMBER OF BADMINTON COURTS:** 17
- **CEILING HEIGHT:** 9m+
- **VENUE TYPE:** factory renovation
- **FLOOR PAVING:** other
- **LIGHTING DESIGN:** badminton standard lighting
- **HOSPITAL DISTANCE:** < 2km
- **NUMBER OF PARKING SPACES:** 500

看台

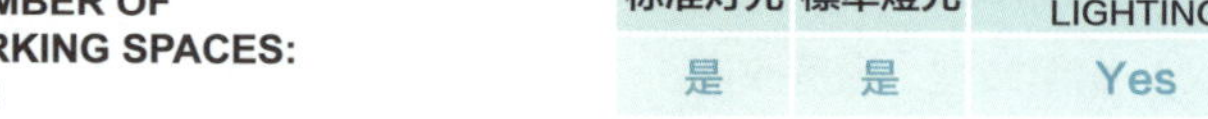

地面铺设	地面鋪設	FLOOR PAVING
★	★	★
标准灯光	標準燈光	STANDARD LIGHTING
是	是	Yes

同樂體育公園羽毛球 A 館

同樂村 192 號

淋浴 SHOWER

空調 AIR CONDITIONER

看臺 STAND

AED

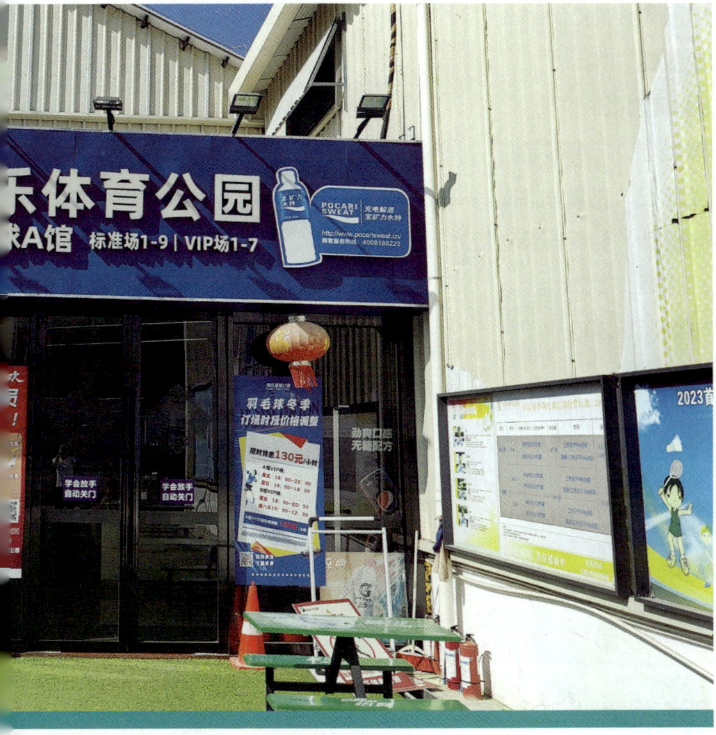

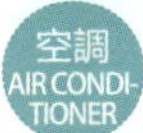

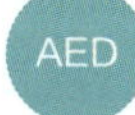

- 場館面積：2200m²
- 場地數量：17
- 空間高度：9m+
- 場館類型：廠房改造
- 地面鋪設：其他
- 燈光設計：羽毛球標準燈光
- 醫院距離：< 2km
- 車位數量：500

超牌深羽羽毛球馆

CHAOPAI SHENYU BADMINTON HALL

高新中一道长园新材料港 A1 栋 L102

L102, Building A1, Changyuan New Materials Port, Gaoxin Middle 1st Road

场馆面积： $1500m^2$

场地数量： 10

空间高度： 8m

场馆类型： 厂房改造

地面铺设： 龙骨 + 地板 + 地胶

灯光设计： 羽毛球标准灯光

医院距离： < 2km

车位数量： 200

VENUE AREA:
$1500m^2$

NUMBER OF BADMINTON COURTS:
10

CEILING HEIGHT:
8m

VENUE TYPE:
factory renovation

FLOOR PAVING:
keel+floor+adhesive

LIGHTING DESIGN:
badminton standard lighting

HOSPITAL DISTANCE:
< 2km

NUMBER OF PARKING SPACES:
200

地面铺设	地面鋪設	FLOOR PAVING
★★★	★★★	★★★
标准灯光	標準燈光	STANDARD LIGHTING
是	是	Yes

淋浴

空调

看台

AED

超牌深羽羽毛球館

高新中一道長園新材料港 A1 棟 L102

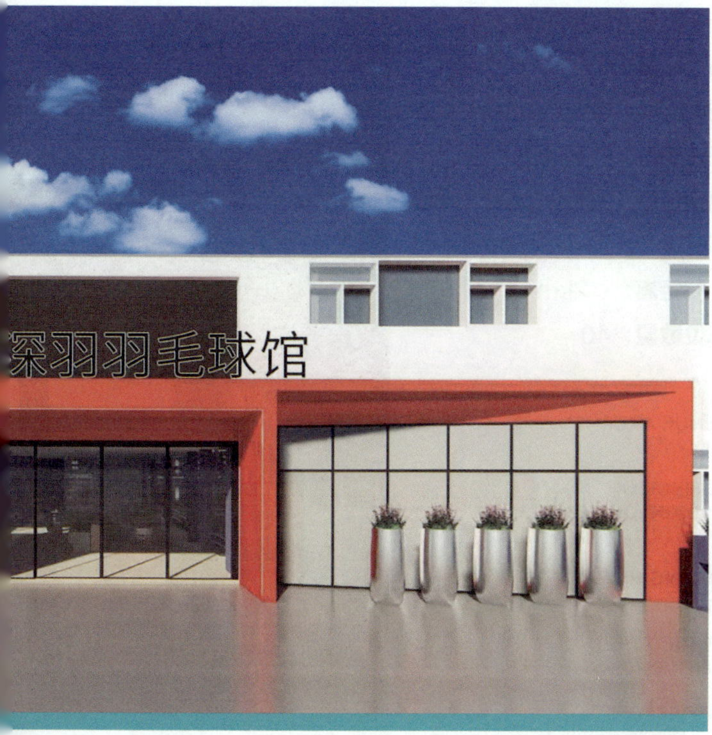

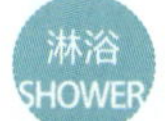

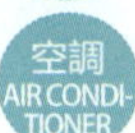

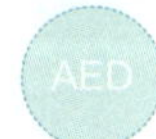

淋浴 SHOWER

空調 AIR CONDITIONER

看臺 STAND

AED

場館面積：1500m^2

場地數量：10

空間高度：8m

場館類型：廠房改造

地面鋪設：龍骨＋地板＋地膠

燈光設計：羽毛球標準燈光

醫院距離：< 2km

車位數量：200

新羽胜羽毛球馆
XINYUSHENG BADMINTON HALL

南山大道 1105 号海润公司主厂房 101
101, Main Factory Building, Hairun Company, No. 1105, Nanshan Avenue

场馆面积： $5000m^2$
场地数量： 37
空间高度： 9m+
场馆类型： 厂房改造
地面铺设： 龙骨 + 地板 + 地胶
灯光设计： 羽毛球标准灯光
医院距离： < 2km
车位数量： 40

VENUE AREA:
$5000m^2$

NUMBER OF BADMINTON COURTS:
37

CEILING HEIGHT:
9m+

VENUE TYPE:
factory renovation

FLOOR PAVING:
keel+floor+adhesive

LIGHTING DESIGN:
badminton standard lighting

HOSPITAL DISTANCE:
< 2km

NUMBER OF PARKING SPACES:
40

地面铺设	地面鋪設	FLOOR PAVING
★★★	★★★	★★★
标准灯光	標準燈光	STANDARD LIGHTING
是	是	Yes

淋浴
空调
看台
AED

新羽勝羽毛球館

南山大道 1105 號海潤公司主廠房 101

淋浴 SHOWER
空調 AIR CONDITIONER
看臺 STAND
AED

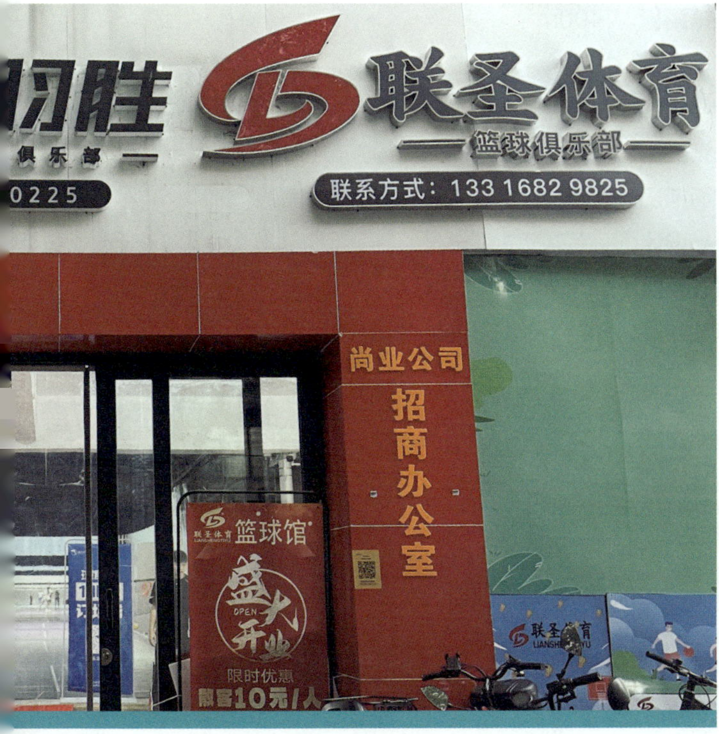

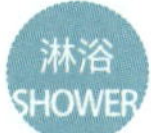

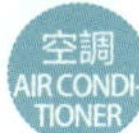

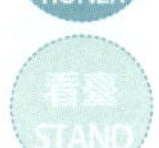

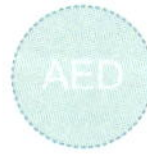

場館面積：$5000m^2$

場地數量：37

空間高度：9m+

場館類型：廠房改造

地面鋪設：龍骨 + 地板 + 地膠

燈光設計：羽毛球標準燈光

醫院距離：< 2km

車位數量：40

龙珠羽毛球馆

LONGZHU BADMINTON HALL

龙珠三路 91 号
No. 91, Longzhu 3rd Road

- **场馆面积：** 1400m^2
- **场地数量：** 12
- **空间高度：** 7m
- **场馆类型：** 厂房改造
- **地面铺设：** 其他
- **灯光设计：** 羽毛球标准灯光
- **医院距离：** < 2km
- **车位数量：** 70

- **VENUE AREA:** 1400m^2
- **NUMBER OF BADMINTON COURTS:** 12
- **CEILING HEIGHT:** 7m
- **VENUE TYPE:** factory renovation
- **FLOOR PAVING:** other
- **LIGHTING DESIGN:** badminton standard lighting
- **HOSPITAL DISTANCE:** < 2km
- **NUMBER OF PARKING SPACES:** 70

地面铺设	地面鋪設	FLOOR PAVING
★	★	★
标准灯光	標準燈光	STANDARD LIGHTING
是	是	Yes

淋浴

看台

龍珠羽毛球館

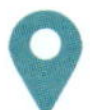

龍珠三路 91 號

淋浴 SHOWER

空調 AIR CONDITIONER

看臺 STAND

AED

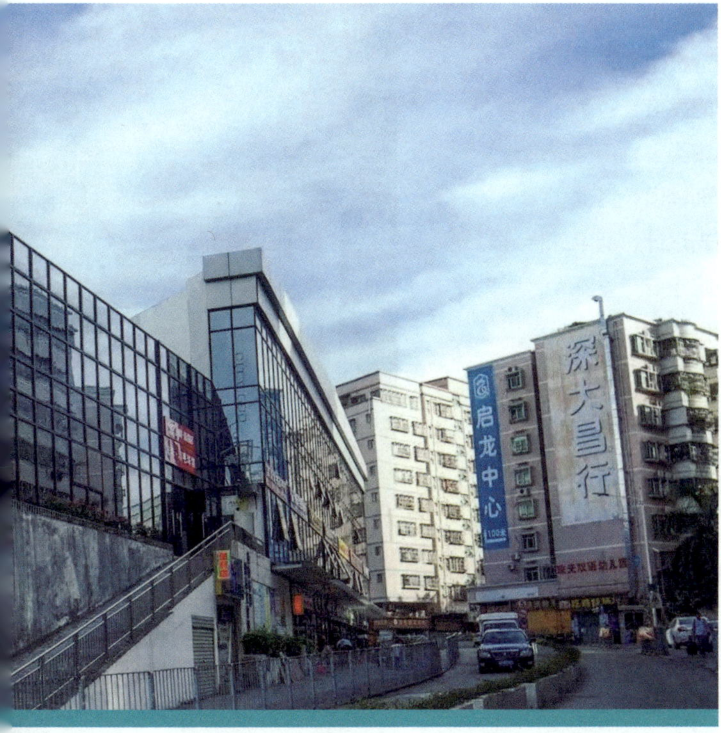

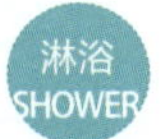

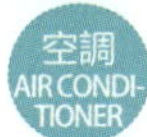

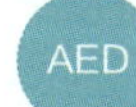

場館面積：1400m^2

場地數量：12

空間高度：7m

場館類型：廠房改造

地面鋪設：其他

燈光設計：羽毛球標準燈光

醫院距離：< 2km

車位數量：70

东角头羽毛球馆

DONGJIAOTOU BADMINTON HALL

蛇口新街 45 号
No. 45, Shekou New Street

场馆面积： 750m^2
场地数量： 6
空间高度： 9m+
场馆类型： 厂房改造
地面铺设： 其他
灯光设计： 羽毛球标准灯光
医院距离： < 2km
车位数量： 16

VENUE AREA:
750m^2

NUMBER OF BADMINTON COURTS:
6

CEILING HEIGHT:
9m+

VENUE TYPE:
factory renovation

FLOOR PAVING:
other

LIGHTING DESIGN:
badminton standard lighting

HOSPITAL DISTANCE:
< 2km

NUMBER OF PARKING SPACES:
16

地面铺设	地面鋪設	FLOOR PAVING
★	★	★
标准灯光	標準燈光	STANDARD LIGHTING
是	是	Yes

淋浴

空调

看台

東角頭羽毛球館

蛇口新街 45 號

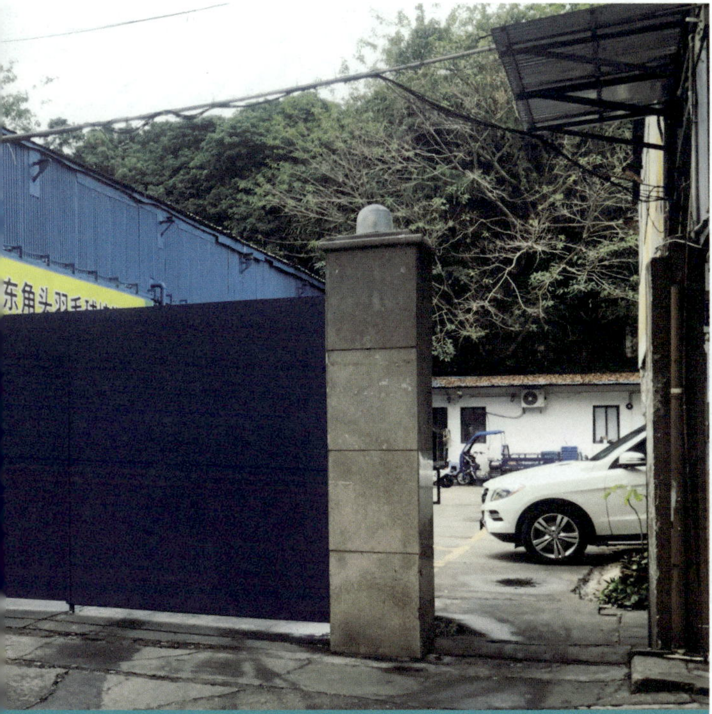

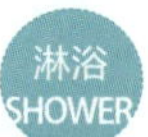

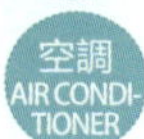

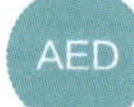

淋浴 SHOWER

空調 AIR CONDITIONER

看臺 STAND

AED

場館面積：750m²

場地數量：6

空間高度：9m+

場館類型：廠房改造

地面鋪設：其他

燈光設計：羽毛球標準燈光

醫院距離：< 2km

車位數量：16

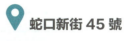

壹恒羽毛球俱乐部

YIHENG BADMINTON CLUB

东滨路 86 号
No. 86, Dongbin Road

- 场馆面积：5000m²
- 场地数量：27
- 空间高度：8m
- 场馆类型：楼房改造
- 地面铺设：龙骨 + 地板 + 地胶
- 灯光设计：羽毛球标准灯光
- 医院距离：< 2km
- 车位数量：1000

VENUE AREA:
5000m²

NUMBER OF BADMINTON COURTS:
27

CEILING HEIGHT:
8m

VENUE TYPE:
building renovation

FLOOR PAVING:
keel+floor+adhesive

LIGHTING DESIGN:
badminton standard lighting

HOSPITAL DISTANCE:
< 2km

NUMBER OF PARKING SPACES:
1000

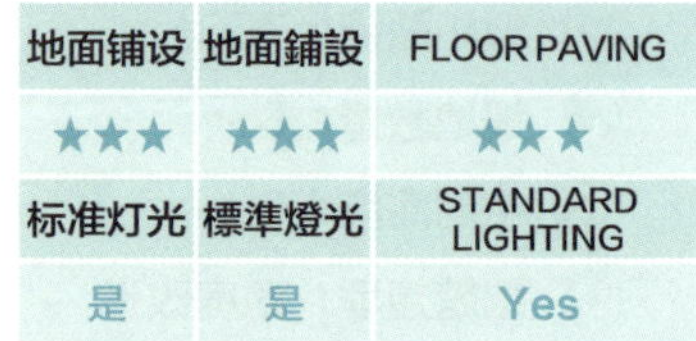

地面铺设	地面鋪設	FLOOR PAVING
★★★	★★★	★★★
标准灯光	標準燈光	STANDARD LIGHTING
是	是	Yes

淋浴
空调

看台
AED

壹恒羽毛球俱樂部

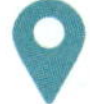

東濱路 86 號

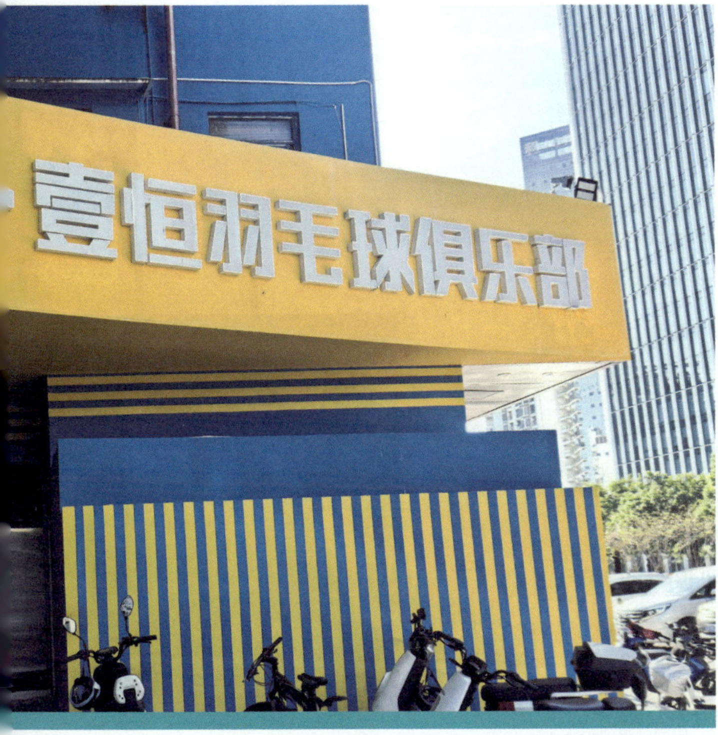

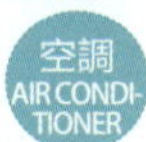

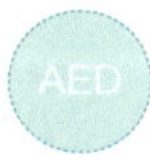

淋浴 SHOWER

空調 AIR CONDITIONER

看臺 STAND

AED

場館面積：5000m²

場地數量：27

空間高度：8m

場館類型：樓房改造

地面鋪設：龍骨 + 地板 + 地膠

燈光設計：羽毛球標準燈光

醫院距離：< 2km

車位數量：1000

时刻羽球超牌主题馆

SHIKE BADMINTON CHAOPAI THEME HALL

沙河东路欧洲城百安居 2 楼
2nd Floor, B&Q, European City, Shahe East Road

- **场馆面积：** 3500m^2
- **场地数量：** 16
- **空间高度：** 8m
- **场馆类型：** 楼房改造
- **地面铺设：** 龙骨 + 地板 + 地胶
- **灯光设计：** 羽毛球标准灯光
- **医院距离：** > 3km
- **车位数量：** 200

- **VENUE AREA:** 3500m^2
- **NUMBER OF BADMINTON COURTS:** 16
- **CEILING HEIGHT:** 8m
- **VENUE TYPE:** building renovation
- **FLOOR PAVING:** keel+floor+adhesive
- **LIGHTING DESIGN:** badminton standard lighting
- **HOSPITAL DISTANCE:** > 3km
- **NUMBER OF PARKING SPACES:** 200

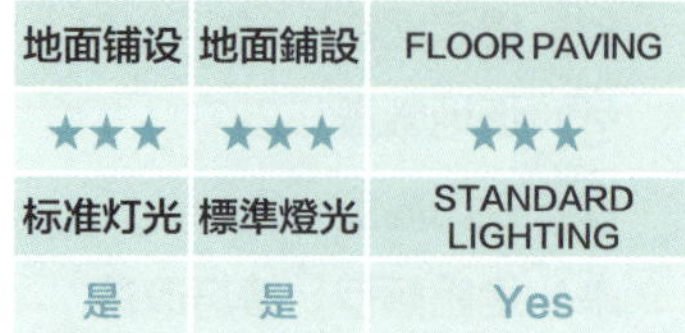

地面铺设	地面鋪設	FLOOR PAVING
★★★	★★★	★★★
标准灯光	標準燈光	STANDARD LIGHTING
是	是	Yes

看台

時刻羽球超牌主題館

沙河東路歐洲城百安居 2 樓

淋浴 SHOWER
空調 AIR CONDITIONER
看臺 STAND
AED

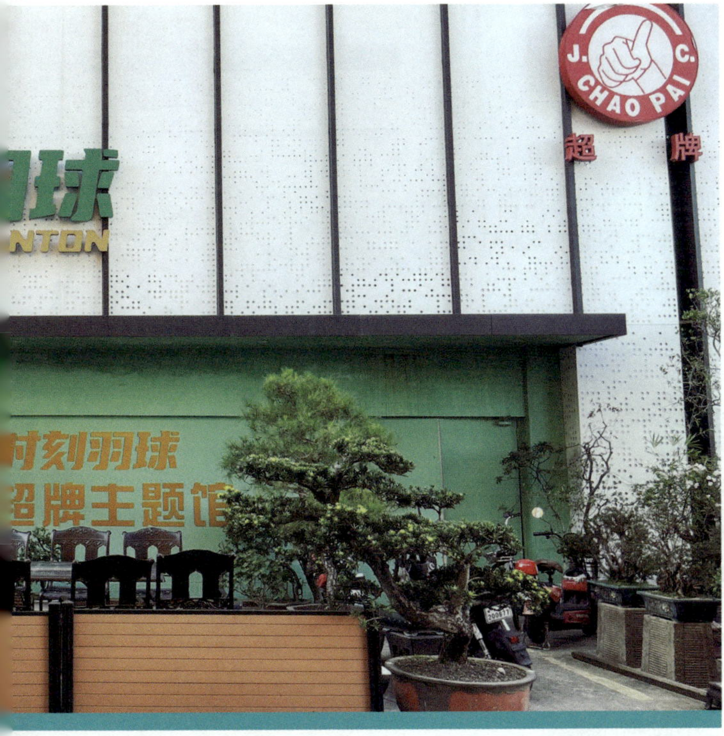

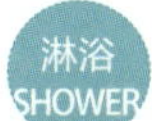

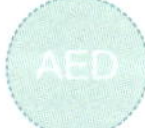

場館面積：$3500m^2$
場地數量：16
空間高度：8m
場館類型：樓房改造
地面鋪設：龍骨 + 地板 + 地膠
燈光設計：羽毛球標準燈光
醫院距離：> 3km
車位數量：200

传奇羽毛球馆

LEGEND BADMINTON HALL

朗山路 23 号
No 23, Langshan Road

- **场馆面积：** 2000m^2
- **场地数量：** 12
- **空间高度：** 8m
- **场馆类型：** 楼房改造
- **地面铺设：** 龙骨 + 地板 + 地胶
- **灯光设计：** 羽毛球标准灯光
- **医院距离：** < 2km
- **车位数量：** 65

- **VENUE AREA:** 2000m^2
- **NUMBER OF BADMINTON COURTS:** 12
- **CEILING HEIGHT:** 8m
- **VENUE TYPE:** building renovation
- **FLOOR PAVING:** keel+floor+adhesive
- **LIGHTING DESIGN:** badminton standard lighting
- **HOSPITAL DISTANCE:** < 2km
- **NUMBER OF PARKING SPACES:** 65

地面铺设	地面鋪設	FLOOR PAVING
★★★	★★★	★★★
标准灯光	標準燈光	STANDARD LIGHTING
是	是	Yes

淋浴
空调
看台
AED

傳奇羽毛球館

朗山路 23 號

淋浴 SHOWER

空調 AIR CONDITIONER

看臺 STAND

AED

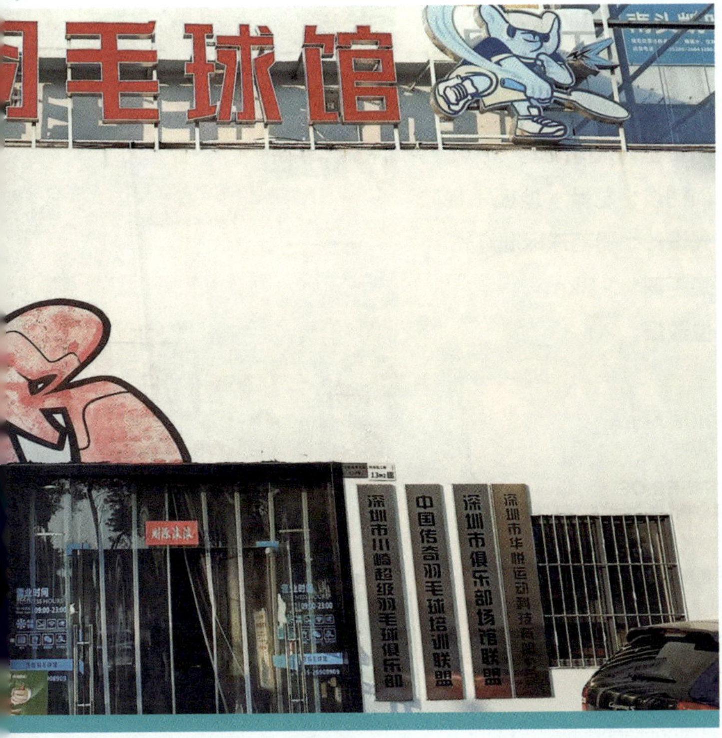

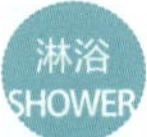

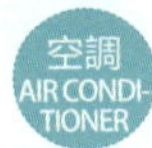

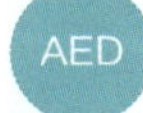

場館面積： 2000m²

場地數量： 12

空間高度： 8m

場館類型： 樓房改造

地面鋪設： 龍骨 + 地板 + 地膠

燈光設計： 羽毛球標準燈光

醫院距離： < 2km

車位數量： 65

新羽胜半岛城邦运动中心羽毛球馆

XINYUSHENG BANDAOCHENGBANG SPORTS CENTER BADMINTON HALL

望海路 1133 号半岛城邦三期商业街 109 号

No.109, Commercial Street, Phase 3, Bandaochengbang, No.1133, Wanghai Road

- **场馆面积：** 1900m²
- **场地数量：** 9
- **空间高度：** 8m
- **场馆类型：** 楼房改造
- **地面铺设：** 龙骨 + 地板 + 地胶
- **灯光设计：** 羽毛球标准灯光
- **医院距离：** > 3km
- **车位数量：** 20

- **VENUE AREA:** 1900m²
- **NUMBER OF BADMINTON COURTS:** 9
- **CEILING HEIGHT:** 8m
- **VENUE TYPE:** building renovation
- **FLOOR PAVING:** keel+floor+adhesive
- **LIGHTING DESIGN:** badminton standard lighting
- **HOSPITAL DISTANCE:** > 3km
- **NUMBER OF PARKING SPACES:** 20

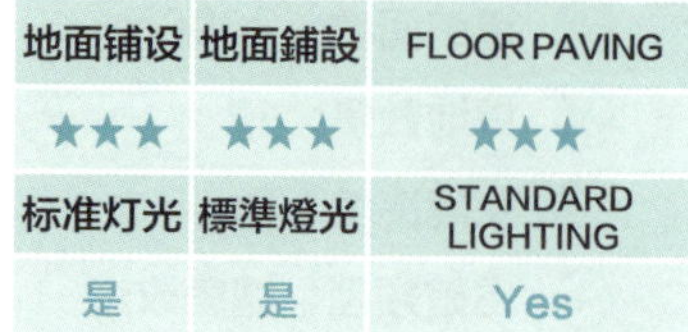

地面铺设	地面鋪設	FLOOR PAVING
★★★	★★★	★★★
标准灯光	標準燈光	STANDARD LIGHTING
是	是	Yes

淋浴
空调
看台
AED

新羽勝半島城邦運動中心羽毛球館

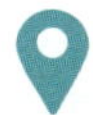

望海路 1133 號半島城邦三期商業街 109 號

淋浴 SHOWER
空調 AIR CONDITIONER
看臺 STAND
AED

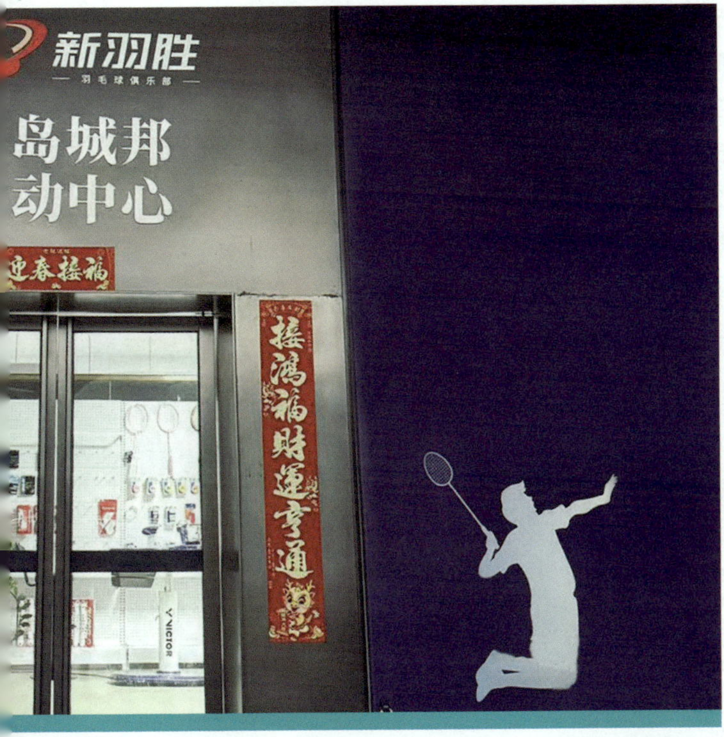

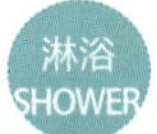

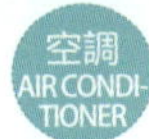

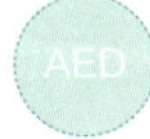

場館面積：1900m²
場地數量：9
空間高度：8m
場館類型：樓房改造

地面鋪設：龍骨 + 地板 + 地膠
燈光設計：羽毛球標準燈光
醫院距離：> 3km
車位數量：20

健丽文体馆

JIANLI CULTURE AND SPORTS CENTER

沿河路 10–2 号
No.10-2, Yanhe Road

- **场馆面积：** 3000m^2
- **场地数量：** 10
- **空间高度：** 9m+
- **场馆类型：** 楼房改造
- **地面铺设：** 其他
- **灯光设计：** 羽毛球标准灯光
- **医院距离：** > 3km
- **车位数量：** 50

- **VENUE AREA:** 3000m^2
- **NUMBER OF BADMINTON COURTS:** 10
- **CEILING HEIGHT:** 9m+
- **VENUE TYPE:** building renovation
- **FLOOR PAVING:** other
- **LIGHTING DESIGN:** badminton standard lighting
- **HOSPITAL DISTANCE:** > 3km
- **NUMBER OF PARKING SPACES:** 50

地面铺设	地面鋪設	FLOOR PAVING
★	★	★
标准灯光	標準燈光	STANDARD LIGHTING
是	是	Yes

健麗文體館

沿河路 10-2 號

淋浴 SHOWER
空調 AIR CONDI-TIONER
看臺 STAND
AED

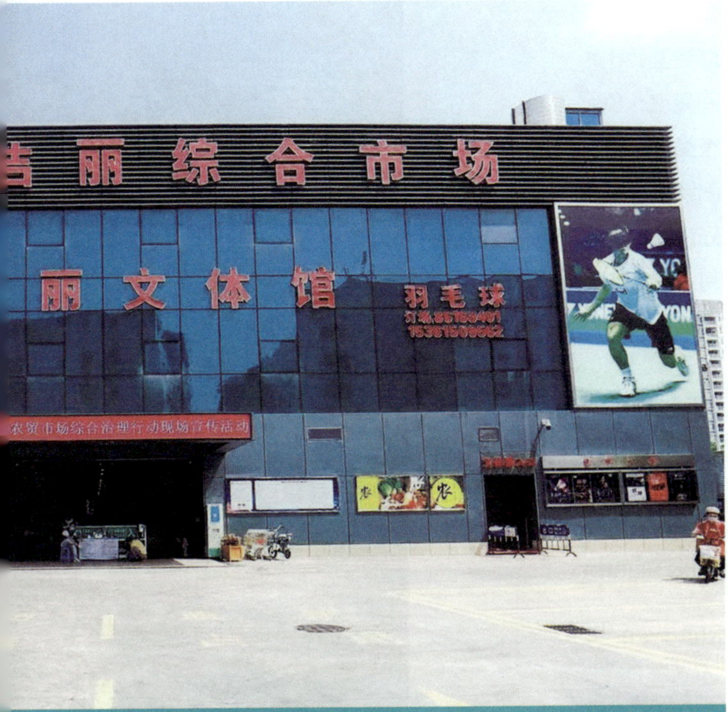

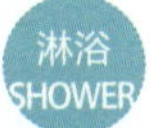

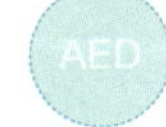

- 場館面積：3000m^2
- 場地數量：10
- 空間高度：9m+
- 場館類型：樓房改造
- 地面鋪設：其他
- 燈光設計：羽毛球標準燈光
- 醫院距離：> 3km
- 車位數量：50

新羽胜羽毛球俱乐部

XINYUSHENG BADMINTON CLUB

高新南六道 8 号航盛科技大厦 22 层
22nd Floor, HSAE Science and Technology Building, No. 8, Gaoxin South 6th Road

场馆面积： 1671m^2
场地数量： 6
空间高度： 8m
场馆类型： 楼房改造
地面铺设： 龙骨 + 地板 + 地胶
灯光设计： 羽毛球标准灯光
医院距离： < 2km
车位数量： 50

VENUE AREA:
1671m^2

NUMBER OF BADMINTON COURTS:
6

CEILING HEIGHT:
8m

VENUE TYPE:
building renovation

FLOOR PAVING:
keel+floor+adhesive

LIGHTING DESIGN:
badminton standard lighting

HOSPITAL DISTANCE:
< 2km

NUMBER OF PARKING SPACES:
50

地面铺设	地面鋪設	FLOOR PAVING
★★★	★★★	★★★
标准灯光	標準燈光	STANDARD LIGHTING
是	是	Yes

淋浴
空调
看台
AED

新羽勝羽毛球俱樂部

高新南六道 8 號航盛科技大厦 22 層

淋浴 SHOWER

空調 AIR CONDITIONER

看臺 STAND

AED

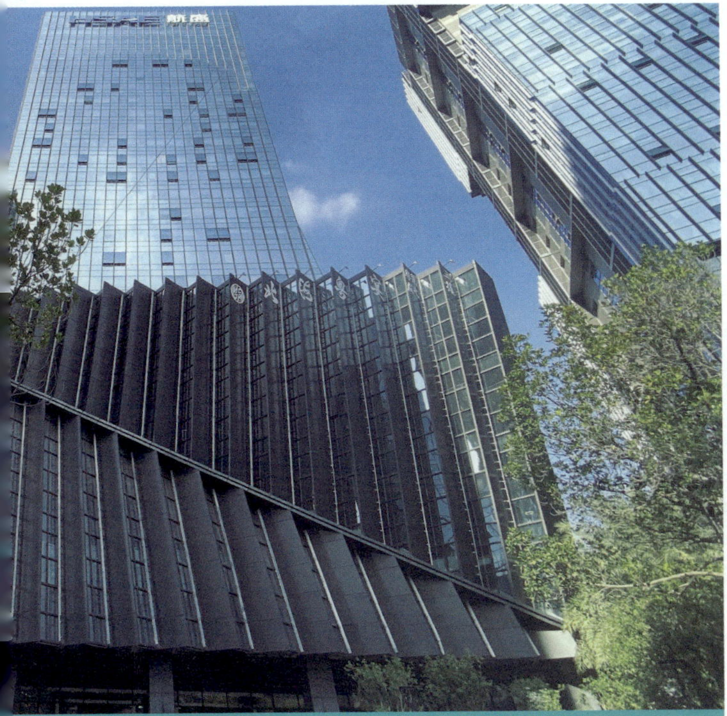

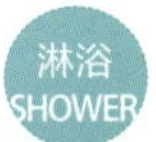

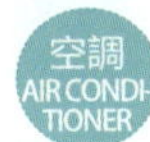

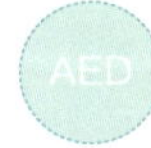

場館面積：1671m^2

場地數量：6

空間高度：8m

場館類型：樓房改造

地面鋪設：龍骨＋地板＋地膠

燈光設計：羽毛球標準燈光

醫院距離：< 2km

車位數量：50

蓝宝体育羽毛球馆

LANBAO SPORTS BADMINTON HALL

艺园路 200 号马家龙文化体育中心 A 栋
Building A, Majialong Culture and Sports Center, No. 200, Yiyuan Road

- **场馆面积：** 1300m^2
- **场地数量：** 10
- **空间高度：** 9m+
- **场馆类型：** 楼房改造
- **地面铺设：** 龙骨 + 地板 + 地胶
- **灯光设计：** 羽毛球标准灯光
- **医院距离：** > 3km
- **车位数量：** 80

- **VENUE AREA:** 1300m^2
- **NUMBER OF BADMINTON COURTS:** 10
- **CEILING HEIGHT:** 9m+
- **VENUE TYPE:** building renovation
- **FLOOR PAVING:** keel+floor+adhesive
- **LIGHTING DESIGN:** badminton standard lighting
- **HOSPITAL DISTANCE:** > 3km
- **NUMBER OF PARKING SPACES:** 80

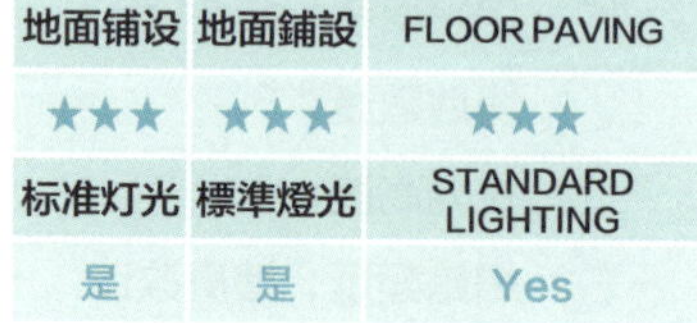

地面铺设	地面鋪設	FLOOR PAVING
★★★	★★★	★★★
标准灯光	標準燈光	STANDARD LIGHTING
是	是	Yes

藍寶體育羽毛球館

藝園路 200 號馬家龍文化體育中心 A 棟

淋浴 SHOWER

空調 AIR CONDITIONER

看臺 STAND

AED

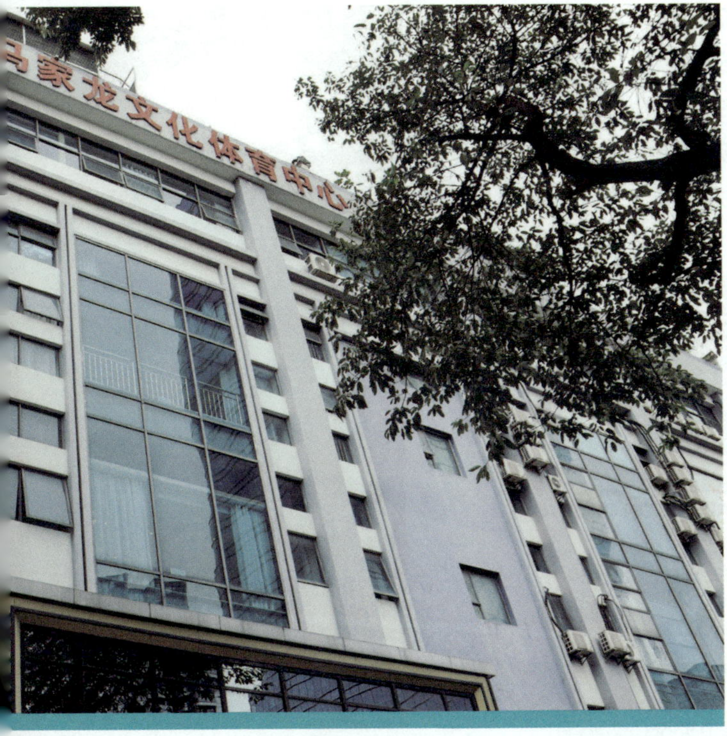

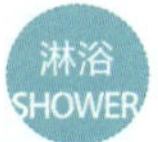

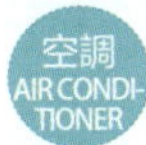

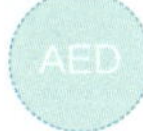

場館面積：$1300m^2$

場地數量：10

空間高度：9m+

場館類型：樓房改造

地面鋪設：龍骨 + 地板 + 地膠

燈光設計：羽毛球標準燈光

醫院距離：> 3km

車位數量：80

智江适能羽毛球馆

ZHIJIANG FITNESS BADMINTON HALL

西站前路前海时代 CEO 公馆东侧
East of Qianhai Times CEO Mansion, West Station Front Road

场馆面积： 1000m^2

场地数量： 4

空间高度： 7m

场馆类型： 楼房改造

地面铺设： 龙骨 + 地板 + 地胶

灯光设计： 羽毛球标准灯光

医院距离： < 2km

车位数量： 20

VENUE AREA:
1000m^2

NUMBER OF BADMINTON COURTS:
4

CEILING HEIGHT:
7m

VENUE TYPE:
building renovation

FLOOR PAVING:
keel+floor+adhesive

LIGHTING DESIGN:
badminton standard lighting

HOSPITAL DISTANCE:
< 2km

NUMBER OF PARKING SPACES:
20

地面铺设	地面鋪設	FLOOR PAVING
★★★	★★★	★★★
标准灯光	標準燈光	STANDARD LIGHTING
是	是	Yes

淋浴
空调
看台
AED

智江適能羽毛球館

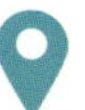

西站前路前海時代 CEO 公館東側

淋浴 SHOWER
空調 AIR CONDITIONER
看臺 STAND
AED

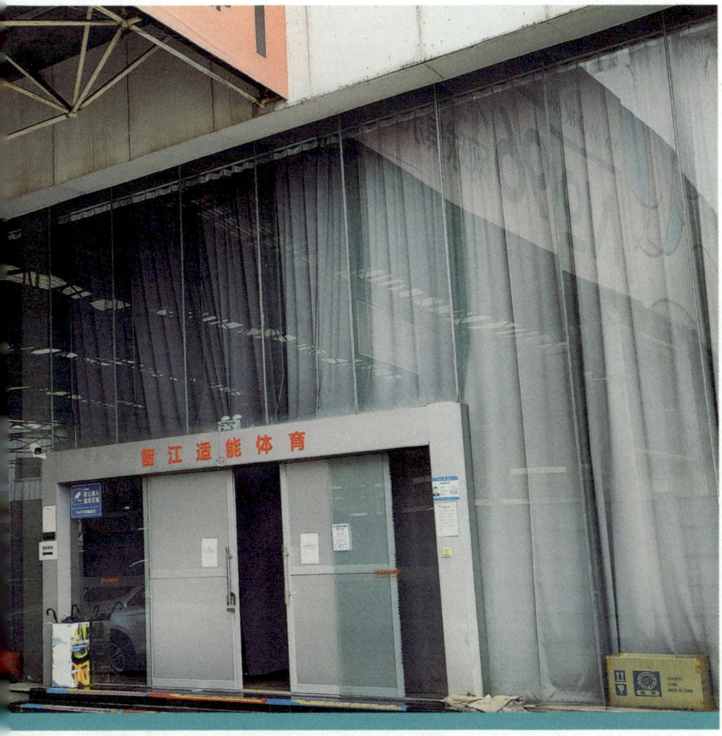

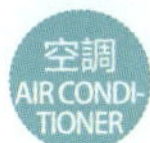

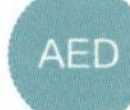

場館面積：1000m^2
場地數量：4
空間高度：7m
場館類型：樓房改造
地面鋪設：龍骨 + 地板 + 地膠
燈光設計：羽毛球標準燈光
醫院距離：< 2km
車位數量：20

1. 新桥体育中心羽毛球馆 / 新橋體育中心羽毛球館
XINQIAO SPORTS CENTER BADMINTON HALL
2. 深圳市林丹羽毛球俱乐部 / 深圳市林丹羽毛球俱樂部
SHENZHEN LINDAN BADMINTON CLUB
3. 松岗体育中心羽毛球馆 / 鬆崗體育中心羽毛球館
SONGGANG SPORTS CENTER BADMINTON HALL
4. 佳迹运动馆 / 佳跡運動館
JIAJI SPORTS HALL
5. 威克多 · 盛羽羽毛球馆 / 威克多 · 盛羽羽毛球館
VICTOR SHENGYU BADMINTON HALL
6. 新羽胜羽毛球馆（会展湾店）/ 新羽勝羽毛球館（會展灣店）
XINYUSHENG BADMINTON HALL（HUIZHANWAN STORE）
7. 卓创羽毛球运动中心 / 卓創羽毛球運動中心
ZHUOCHUANG BADMINTON SPORTS CENTER
8. 建安羽毛球馆 / 建安羽毛球館
JIAN'AN BADMINTON HALL
9. 向日葵羽毛球馆 / 向日葵羽毛球館
SUNFLOWER BADMINTON HALL
10. 石龙羽毛球馆 / 石龍羽毛球館
SHILONG BADMINTON HALL
11. 必得羽毛球馆 / 必得羽毛球館
BIDE BADMINTON HALL
12. 普威羽毛球馆 / 普威羽毛球館
PUWEI BADMINTON HALL
13. 大视界羽毛球馆 / 大視界羽毛球館
DASHIJIE BADMINTON HALL
14. 福永杂技团羽毛球馆 / 福永雜技團羽毛球館
FUYONG ACROBATICS TROUPE BADMINTON HALL
15. 兴东羽毛球馆 / 興東羽毛球館
XINGDONG BADMINTON HALL
16. 纪元体育羽毛球馆 / 紀元體育羽毛球館
JIYUAN SPORTS BADMINTON HALL

BAOAN

宝安／寶安

新桥体育中心羽毛球馆

XINQIAO SPORTS CENTER BADMINTON HALL

中心路 275 号
No. 275, Zhongxin Road

- **场馆面积：** 1400m^2
- **场地数量：** 14
- **空间高度：** 9m+
- **场馆类型：** 体育馆
- **地面铺设：** 龙骨 + 地板 + 地胶
- **灯光设计：** 羽毛球标准灯光
- **医院距离：** > 3km
- **车位数量：** 1400

VENUE AREA:
1400m^2

NUMBER OF BADMINTON COURTS:
14

CEILING HEIGHT:
9m+

VENUE TYPE:
gymnasium

FLOOR PAVING:
keel+floor+adhesive

LIGHTING DESIGN:
badminton standard lighting

HOSPITAL DISTANCE:
> 3km

NUMBER OF PARKING SPACES:
1400

地面铺设	地面鋪設	FLOOR PAVING
★★★	★★★	★★★
标准灯光	標準燈光	STANDARD LIGHTING
是	是	Yes

看台

新橋體育中心羽毛球館

中心路 275 號

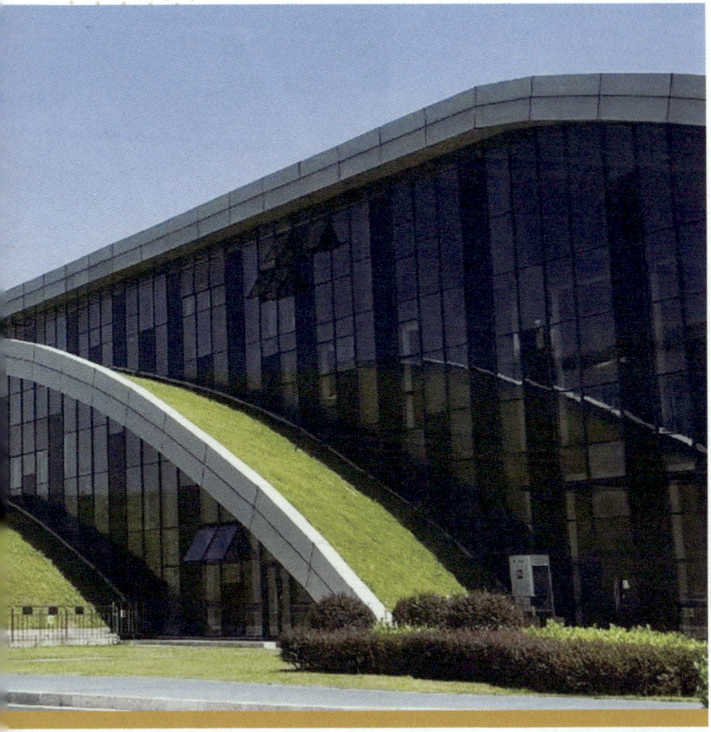

宝安

場館面積： 1400m²

場地數量： 14

空間高度： 9m+

場館類型： 體育館

地面鋪設： 龍骨 + 地板 + 地膠

燈光設計： 羽毛球標準燈光

醫院距離： > 3km

車位數量： 1400

深圳市林丹羽毛球俱乐部

SHENZHEN LINDAN BADMINTON CLUB

育才路石岩体育馆
Shiyan Sports Center, Yucai Road

- **场馆面积：** $2000m^2$
- **场地数量：** 12
- **空间高度：** 9m+
- **场馆类型：** 体育馆
- **地面铺设：** 龙骨 + 地板 + 地胶
- **灯光设计：** 羽毛球标准灯光
- **医院距离：** < 2km
- **车位数量：** 150

- **VENUE AREA:** $2000m^2$
- **NUMBER OF BADMINTON COURTS:** 12
- **CEILING HEIGHT:** 9m+
- **VENUE TYPE:** gymnasium
- **FLOOR PAVING:** keel+floor+adhesive
- **LIGHTING DESIGN:** badminton standard lighting
- **HOSPITAL DISTANCE:** < 2km
- **NUMBER OF PARKING SPACES:** 150

地面铺设	地面鋪設	FLOOR PAVING
★★★	★★★	★★★
标准灯光	標準燈光	STANDARD LIGHTING
是	是	Yes

淋浴

空调

看台

AED

深圳市林丹羽毛球俱樂部

育才路石岩體育館

宝安

- **場館面積：** 2000m^2
- **場地數量：** 12
- **空間高度：** 9m+
- **場館類型：** 體育館
- **地面鋪設：** 龍骨 + 地板 + 地膠
- **燈光設計：** 羽毛球標準燈光
- **醫院距離：** < 2km
- **車位數量：** 150

松岗体育中心羽毛球馆

SONGGANG SPORTS CENTER BADMINTON HALL

岗顶路与东方大道交叉口北 80 米松岗体育中心

Songgang Sports Center, 80 meters north of the intersection of Gangding Road and Dongfang Avenue

场馆面积： 1500m^2

场地数量： 12

空间高度： 9m+

场馆类型： 体育馆

地面铺设： 龙骨 + 地板 + 地胶

灯光设计： 头顶灯光

医院距离： > 3km

车位数量： 321

VENUE AREA:
1500m^2

NUMBER OF BADMINTON COURTS:
12

CEILING HEIGHT:
9m+

VENUE TYPE:
gymnasium

FLOOR PAVING:
keel+floor+adhesive

LIGHTING DESIGN:
overhead lighting

HOSPITAL DISTANCE:
> 3km

NUMBER OF PARKING SPACES:
321

地面铺设	地面鋪設	FLOOR PAVING
★★★	★★★	★★★
标准灯光	標準燈光	STANDARD LIGHTING
否	否	No

淋浴

空调

看台

AED

鬆崗體育中心羽毛球館

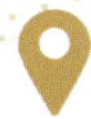

崗頂路與東方大道交叉口北 80 米鬆崗體育中心

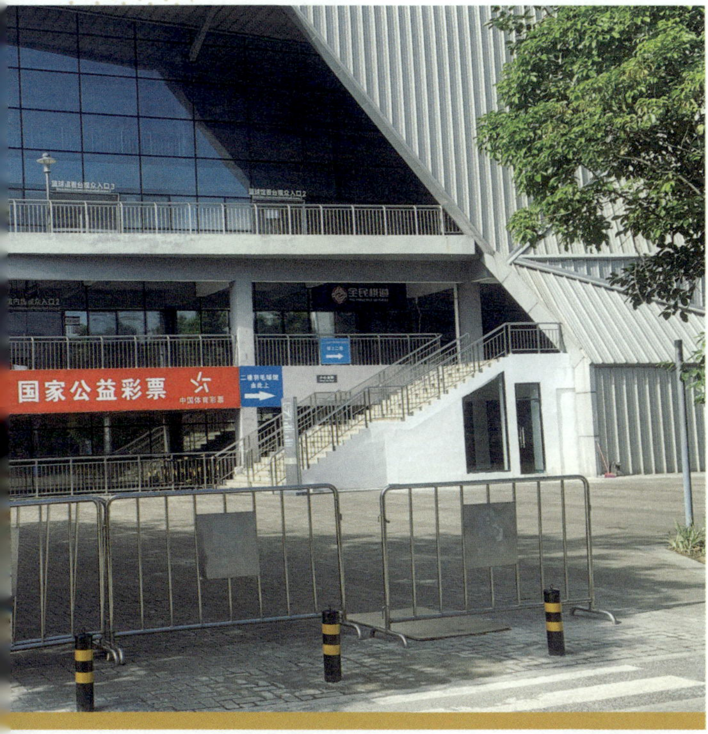

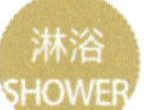

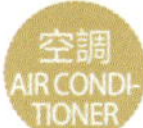

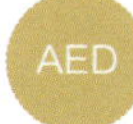

淋浴 SHOWER

空調 AIR CONDITIONER

看臺 STAND

AED

場館面積：$1500m^2$

場地數量：12

空間高度：9m+

場館類型：體育館

地面鋪設：龍骨 + 地板 + 地膠

燈光設計：頭頂燈光

醫院距離：> 3km

車位數量：321

佳迹运动馆

JIAJI SPORTS HALL

沙井路 168 号京基 · 百纳广场 6 楼
6th Floor, Kingkey Banner Center, No. 168, Shajing Road

场馆面积： 2300m^2
场地数量： 9
空间高度： 9m+
场馆类型： 楼房改造
地面铺设： 龙骨 + 地板 + 地胶
灯光设计： 羽毛球标准灯光
医院距离： < 2km
车位数量： 1000

VENUE AREA:
2300m^2

NUMBER OF BADMINTON COURTS:
9

CEILING HEIGHT:
9m+

VENUE TYPE:
building renovation

FLOOR PAVING:
keel+floor+adhesive

LIGHTING DESIGN:
badminton standard lighting

HOSPITAL DISTANCE:
< 2km

NUMBER OF PARKING SPACES:
1000

淋浴
空调
看台
AED

地面铺设	地面鋪設	FLOOR PAVING
★★★	★★★	★★★
标准灯光	標準燈光	STANDARD LIGHTING
是	是	Yes

佳跡運動館

沙井路 168 號京基 · 百納廣場 6 樓

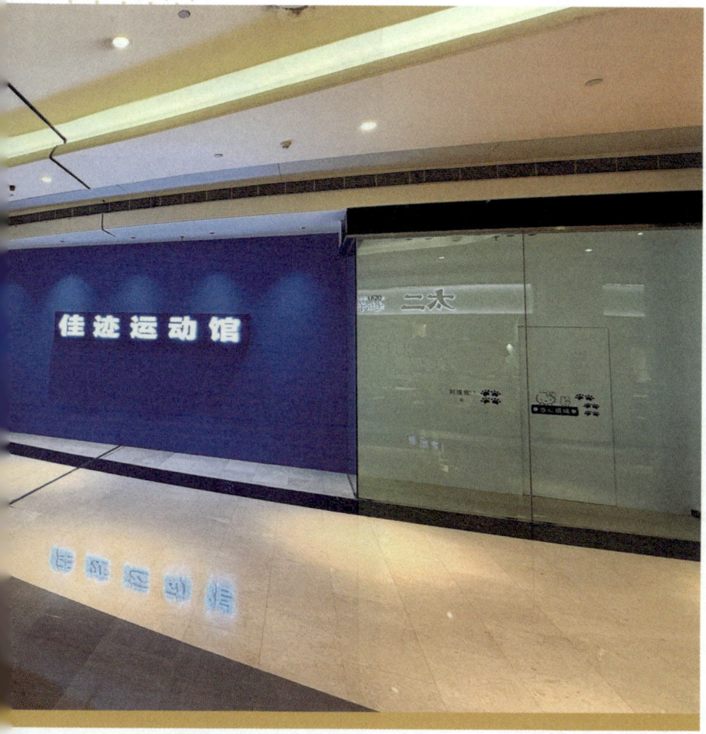

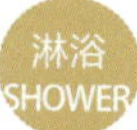

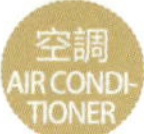

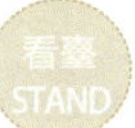

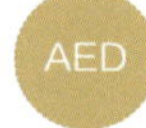

淋浴 SHOWER

空調 AIR CONDITIONER

看臺 STAND

AED

場館面積：2300m²

場地數量：9

空間高度：9m+

場館類型：樓房改造

地面鋪設：龙骨 + 地板 + 地胶

燈光設計：羽毛球標準燈光

醫院距離：< 2km

車位數量：1000

威克多·盛羽羽毛球馆

VICTOR SHENGYU BADMINTON HALL

水库路 111 号星宏科技园厂房 B 栋 1 层

1st Floor, Building B, Xinghong Science and Technology Park, No. 111, Shuiku Road

场馆面积： 3700m²

场地数量： 22

空间高度： 9m+

场馆类型： 厂房改造

地面铺设： 龙骨 + 地板 + 地胶

灯光设计： 羽毛球标准灯光

医院距离： > 3km

车位数量： 80

VENUE AREA:
3700m²

NUMBER OF BADMINTON COURTS:
22

CEILING HEIGHT:
9m+

VENUE TYPE:
factory renovation

FLOOR PAVING:
keel+floor+adhesive

LIGHTING DESIGN:
badminton standard lighting

HOSPITAL DISTANCE:
> 3km

NUMBER OF PARKING SPACES:
80

地面铺设	地面鋪設	FLOOR PAVING
★★★	★★★	★★★
标准灯光	標準燈光	STANDARD LIGHTING
是	是	Yes

淋浴

空调

看台

AED

威克多·盛羽羽毛球館

水庫路 111 號星宏科技園廠房 B 棟 1 層

淋浴 SHOWER

空調 AIR CONDITIONER

看臺 STAND

AED

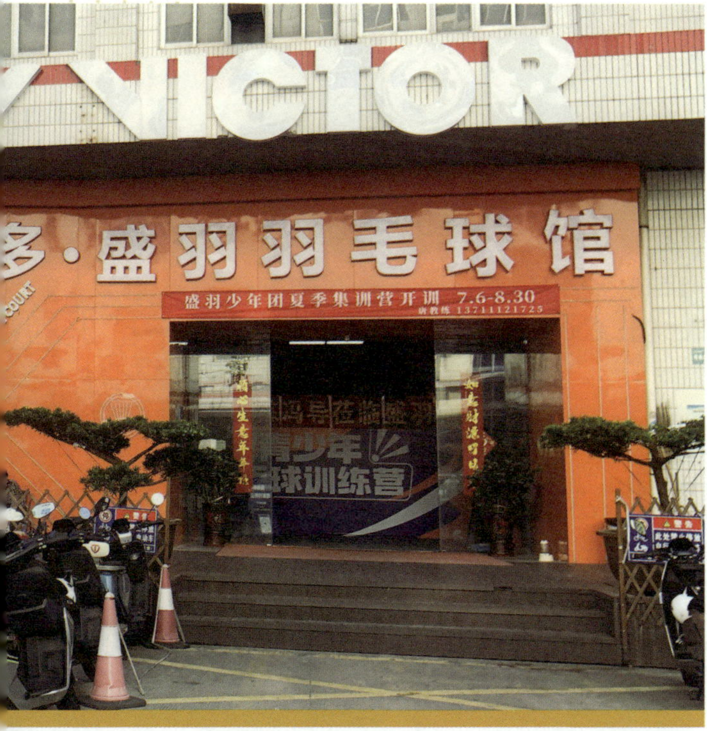

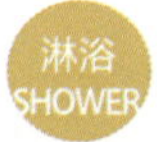

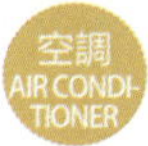

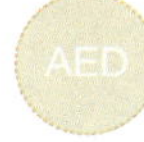

場館面積：3700m^2

場地數量：22

空間高度：9m+

場館類型：廠房改造

地面鋪設：龍骨 + 地板 + 地膠

燈光設計：羽毛球標準燈光

醫院距離：> 3km

車位數量：80

新羽胜羽毛球馆（会展湾店）

XINYUSHENG BADMINTON HALL (HUIZHANWAN STORE)

华丰智谷福海科技产业园 G F 栋

Building G F, Huafeng Zhigu Fuhai Science and Technology Industrial Park

- **场馆面积：** 2200m²
- **场地数量：** 16
- **空间高度：** 8m
- **场馆类型：** 厂房改造
- **地面铺设：** 其他
- **灯光设计：** 羽毛球标准灯光
- **医院距离：** < 2km
- **车位数量：** 200

- **VENUE AREA:** 2200m²
- **NUMBER OF BADMINTON COURTS:** 16
- **CEILING HEIGHT:** 8m
- **VENUE TYPE:** factory renovation
- **FLOOR PAVING:** other
- **LIGHTING DESIGN:** badminton standard lighting
- **HOSPITAL DISTANCE:** < 2km
- **NUMBER OF PARKING SPACES:** 200

地面铺设	地面鋪設	FLOOR PAVING
★	★	★
标准灯光	標準燈光	STANDARD LIGHTING
是	是	Yes

淋浴

新羽勝羽毛球館（會展灣店）

華豐智谷福海科技産業園 G F 棟

淋浴 SHOWER

空調 AIR CONDITIONER

看臺 STAND

AED

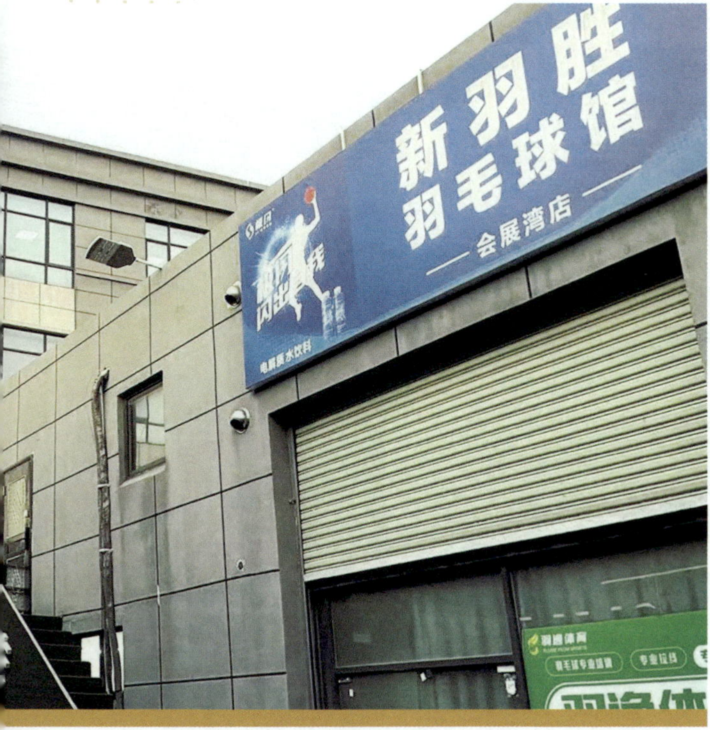

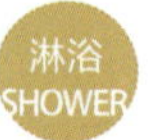

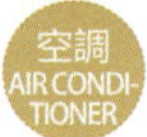

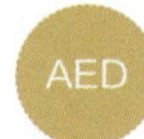

場館面積：2200m^2

場地數量：16

空間高度：8m

場館類型：廠房改造

地面鋪設：其他

燈光設計：羽毛球標準燈光

醫院距離：< 2km

車位數量：200

卓创羽毛球运动中心

ZHUOCHUANG BADMINTON SPORTS CENTER

固戍茶西经发工业园
Chaxi Jingfa Industrial Park, Gushu

场馆面积： 2100m²
场地数量： 16
空间高度： 9m+
场馆类型： 厂房改造
地面铺设： 其他
灯光设计： 羽毛球标准灯光
医院距离： > 3km
车位数量： 400

VENUE AREA:
2100m²

NUMBER OF BADMINTON COURTS:
16

CEILING HEIGHT:
9m+

VENUE TYPE:
factory renovation

FLOOR PAVING:
other

LIGHTING DESIGN:
badminton standard lighting

HOSPITAL DISTANCE:
> 3km

NUMBER OF PARKING SPACES:
400

地面铺设	地面鋪設	FLOOR PAVING
★	★	★
标准灯光	標準燈光	STANDARD LIGHTING
是	是	Yes

看台

卓創羽毛球運動中心

固戍茶西經發工業園

淋浴 SHOWER

空調 AIR CONDITIONER

看臺 STAND

AED

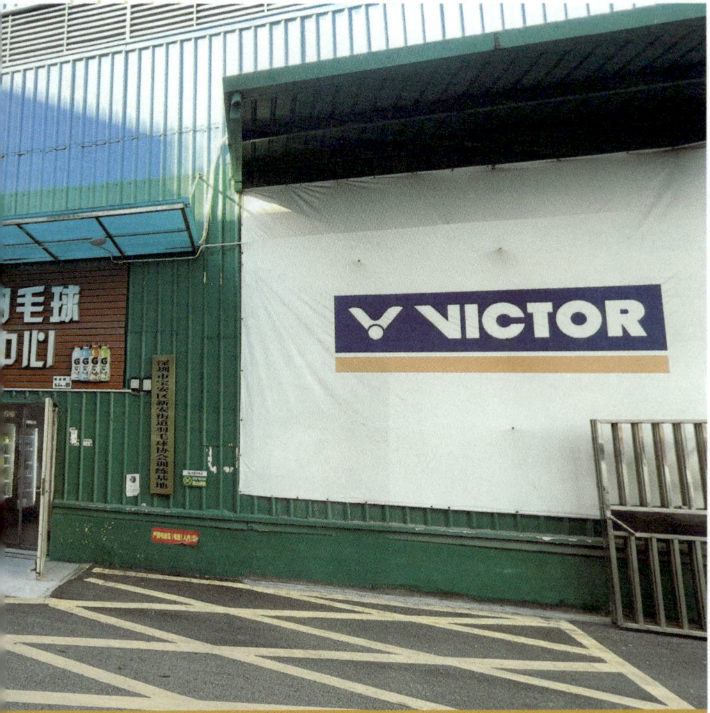

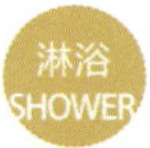

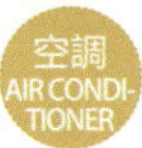

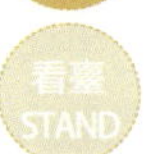

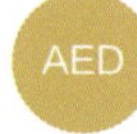

場館面積：2100m²

場地數量：16

空間高度：9m+

場館類型：廠房改造

地面鋪設：其他

燈光設計：羽毛球標準燈光

醫院距離：> 3km

車位數量：400

建安羽毛球馆

JIAN'AN BADMINTON HALL

建安二路164号和悦成1楼
1st Floor, Heyuecheng, No. 164, Jian'an 2nd Road

场馆面积： 1500m²
场地数量： 12
空间高度： 9m+
场馆类型： 厂房改造
地面铺设： 其他
灯光设计： 羽毛球标准灯光
医院距离： < 2km
车位数量： 90

VENUE AREA:
1500m²

NUMBER OF BADMINTON COURTS:
12

CEILING HEIGHT:
9m+

VENUE TYPE:
factory renovation

FLOOR PAVING:
other

LIGHTING DESIGN:
badminton standard lighting

HOSPITAL DISTANCE:
< 2km

NUMBER OF PARKING SPACES:
90

地面铺设	地面鋪設	FLOOR PAVING
★	★	★
标准灯光	標準燈光	STANDARD LIGHTING
是	是	Yes

淋浴
空调
看台

AED

建安羽毛球館

建安二路 164 號和悅成 1 樓

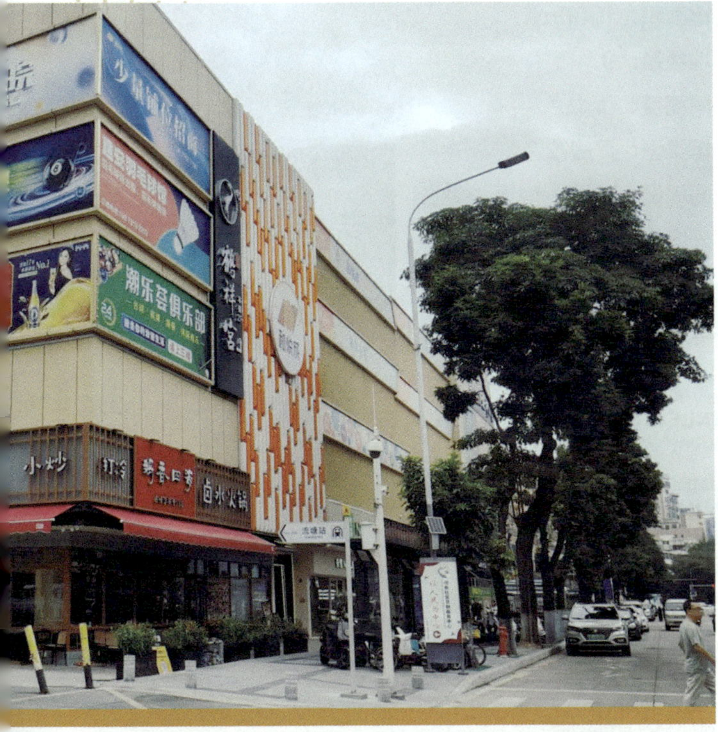

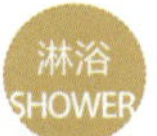

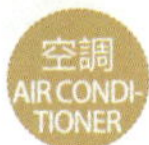

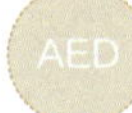

宝安

淋浴 SHOWER

空調 AIR CONDITIONER

看臺 STAND

AED

場館面積：1500m²

場地數量：12

空間高度：9m+

場館類型：廠房改造

地面鋪設：其他

燈光設計：羽毛球標準燈光

醫院距離：< 2km

車位數量：90

向日葵羽毛球馆

SUNFLOWER BADMINTON HALL

塘头第三工业区恒通发工业园 7 栋 1 楼

1st Floor, Building 7, Hengtongfa Industrial Park, Tangtou 3rd Industrial Zone

- **场馆面积：** 1500m^2
- **场地数量：** 9
- **空间高度：** 9m+
- **场馆类型：** 厂房改造
- **地面铺设：** 龙骨 + 地板 + 地胶
- **灯光设计：** 羽毛球标准灯光
- **医院距离：** > 3km
- **车位数量：** 80

- **VENUE AREA:** 1500m^2
- **NUMBER OF BADMINTON COURTS:** 9
- **CEILING HEIGHT:** 9m+
- **VENUE TYPE:** factory renovation
- **FLOOR PAVING:** keel+floor+adhesive
- **LIGHTING DESIGN:** badminton standard lighting
- **HOSPITAL DISTANCE:** > 3km
- **NUMBER OF PARKING SPACES:** 80

地面铺设	地面鋪設	FLOOR PAVING
★★★	★★★	★★★
标准灯光	標準燈光	STANDARD LIGHTING
是	是	Yes

AED

向日葵羽毛球館

塘頭第三工業區恒通發工業園 7 棟 1 樓

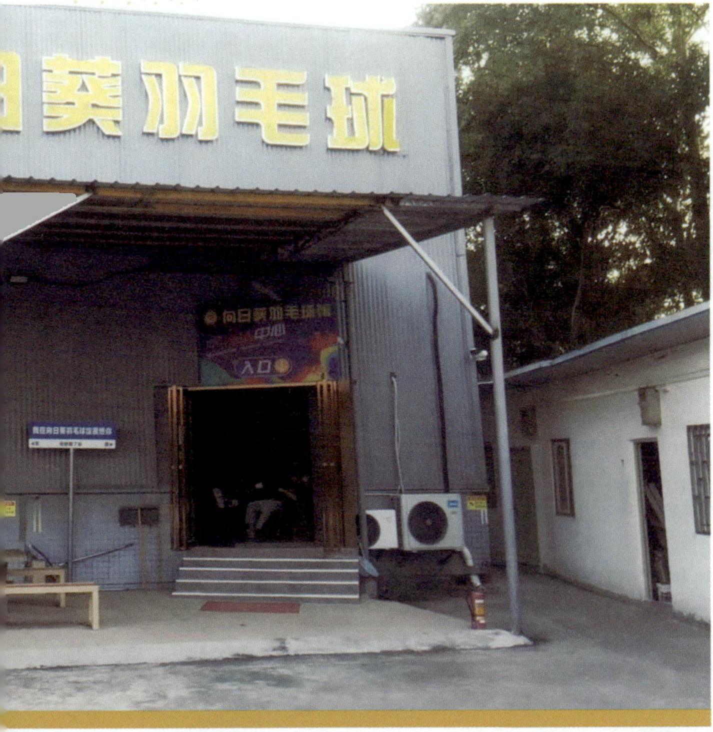

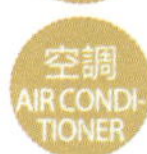

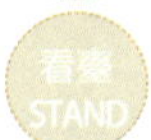

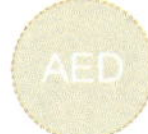

淋浴 SHOWER

空調 AIR CONDITIONER

看臺 STAND

AED

- 場館面積：1500m²
- 場地數量：9
- 空間高度：9m+
- 場館類型：廠房改造
- 地面鋪設：龍骨 + 地板 + 地膠
- 燈光設計：羽毛球標準燈光
- 醫院距離：> 3km
- 車位數量：80

石龙羽毛球馆

SHILONG BADMINTON HALL

石龙仔路 32 号

No. 32, Shilongzai Road

场馆面积：1000m^2

场地数量：6

空间高度：7m

场馆类型：厂房改造

地面铺设：龙骨 + 地板

灯光设计：羽毛球标准灯光

医院距离：> 3km

车位数量：50

VENUE AREA:
1000m^2

NUMBER OF BADMINTON COURTS:
6

CEILING HEIGHT:
7m

VENUE TYPE:
factory renovation

FLOOR PAVING:
keel+floor

LIGHTING DESIGN:
badminton standard lighting

HOSPITAL DISTANCE:
> 3km

NUMBER OF PARKING SPACES:
50

地面铺设	地面鋪設	FLOOR PAVING
★★	★★	★★
标准灯光	標準燈光	STANDARD LIGHTING
是	是	Yes

淋浴
空调
看台
AED

石龍羽毛球館

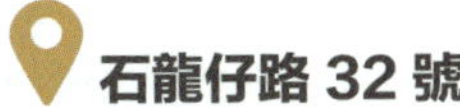

石龍仔路 32 號

淋浴 SHOWER

空調 AIR CONDITIONER

看臺 STAND

AED

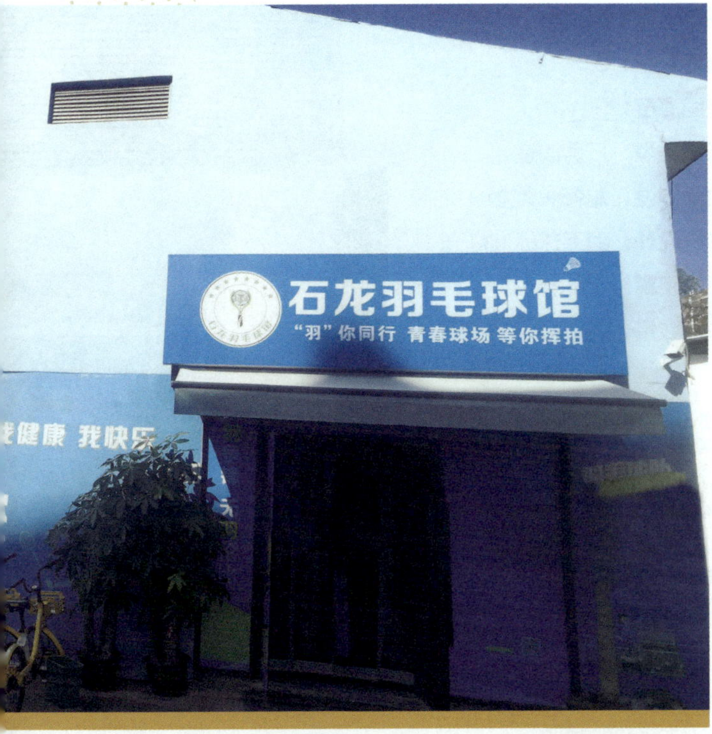

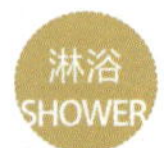

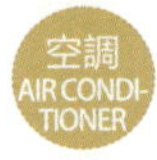

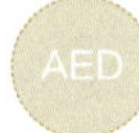

場館面積：$1000m^2$

場地數量：6

空間高度：7m

場館類型：廠房改造

地面鋪設：龍骨 + 地板

燈光設計：羽毛球標準燈光

醫院距離：> 3km

車位數量：50

必得羽毛球馆

BIDE BADMINTON HALL

洲石路 570 号华昌工业园 8 栋

Building 8, Huachang Industrial Park, No. 570, Zhoushi Road

场馆面积： 900m^2

场地数量： 5

空间高度： 9m+

场馆类型： 厂房改造

地面铺设： 龙骨 + 地板 + 地胶

灯光设计： 羽毛球标准灯光

医院距离： > 3km

车位数量： 20

VENUE AREA:
900m^2

NUMBER OF BADMINTON COURTS:
5

CEILING HEIGHT:
9m+

VENUE TYPE:
factory renovation

FLOOR PAVING:
keel+floor+adhesive

LIGHTING DESIGN:
badminton standard lighting

HOSPITAL DISTANCE:
> 3km

NUMBER OF PARKING SPACES:
20

地面铺设	地面鋪設	FLOOR PAVING
★★★	★★★	★★★
标准灯光	標準燈光	STANDARD LIGHTING
是	是	Yes

看台

必得羽毛球館

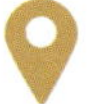

洲石路 570 號華昌工業園 8 棟

淋浴 SHOWER
空調 AIR CONDITIONER
看臺 STAND
AED

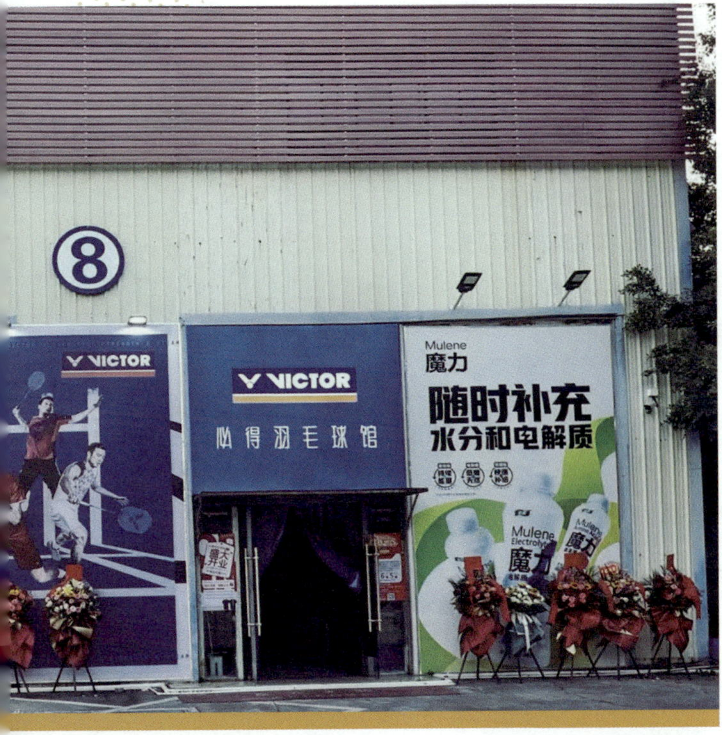

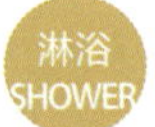

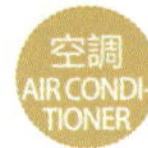

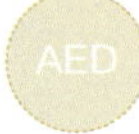

場館面積：$900m^2$

場地數量：5

空間高度：9m+

場館類型：廠房改造

地面鋪設：龍骨＋地板＋地膠

燈光設計：羽毛球標準燈光

醫院距離：> 3km

車位數量：20

普威羽毛球馆

PUWEI BADMINTON HALL

裕安二路 178 号普威娱乐广场 5 楼
5th Floor, Puwei Entertainment Square, No. 178, Yu'an 2nd Road

- **场馆面积：** 2600m^2
- **场地数量：** 13
- **空间高度：** 9m+
- **场馆类型：** 楼房改造
- **地面铺设：** 龙骨 + 地板
- **灯光设计：** 羽毛球标准灯光
- **医院距离：** < 2km
- **车位数量：** 100

- **VENUE AREA:** 2600m^2
- **NUMBER OF BADMINTON COURTS:** 13
- **CEILING HEIGHT:** 9m+
- **VENUE TYPE:** building renovation
- **FLOOR PAVING:** keel+floor
- **LIGHTING DESIGN:** badminton standard lighting
- **HOSPITAL DISTANCE:** < 2km
- **NUMBER OF PARKING SPACES:** 100

地面铺设	地面鋪設	FLOOR PAVING
★★	★★	★★
标准灯光	標準燈光	STANDARD LIGHTING
是	是	Yes

看台

普威羽毛球館

裕安二路 178 號普威娛樂廣場 5 樓

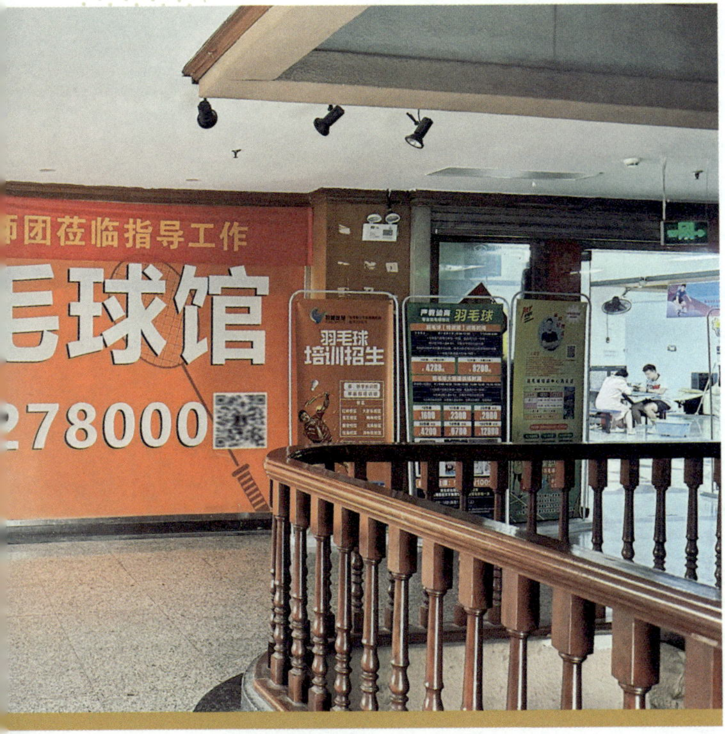

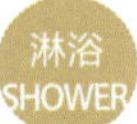

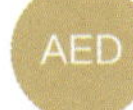

淋浴 SHOWER

空調 AIR CONDITIONER

看臺 STAND

AED

場館面積：2600m²

場地數量：13

空間高度：9m+

場館類型：樓房改造

地面鋪設：龍骨 + 地板

燈光設計：羽毛球標準燈光

醫院距離：< 2km

車位數量：100

大视界羽毛球馆

DASHIJIE BADMINTON HALL

共和工业路 19 号大视界国际影视文体产业园训练拍摄中心 101
101, Training and Shooting Center, Dashijie International Film, Television, Culture and Sports Industrial Park, No. 19, Gonghe Industrial Road

场馆面积： 600m^2

场地数量： 5

空间高度： 8m

场馆类型： 楼房改造

地面铺设： 其他

灯光设计： 羽毛球标准灯光

医院距离： < 2km

车位数量： 30

VENUE AREA:
600m^2

NUMBER OF BADMINTON COURTS:
5

CEILING HEIGHT:
8m

VENUE TYPE:
building renovation

FLOOR PAVING:
other

LIGHTING DESIGN:
badminton standard lighting

HOSPITAL DISTANCE:
< 2km

NUMBER OF PARKING SPACES:
30

地面铺设	地面鋪設	FLOOR PAVING
★	★	★
标准灯光	標準燈光	STANDARD LIGHTING
是	是	Yes

淋浴
空调
看台
AED

大視界羽毛球館

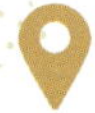

共和工業路 19 號大視界國際影視文體產業園訓練拍攝中心 101

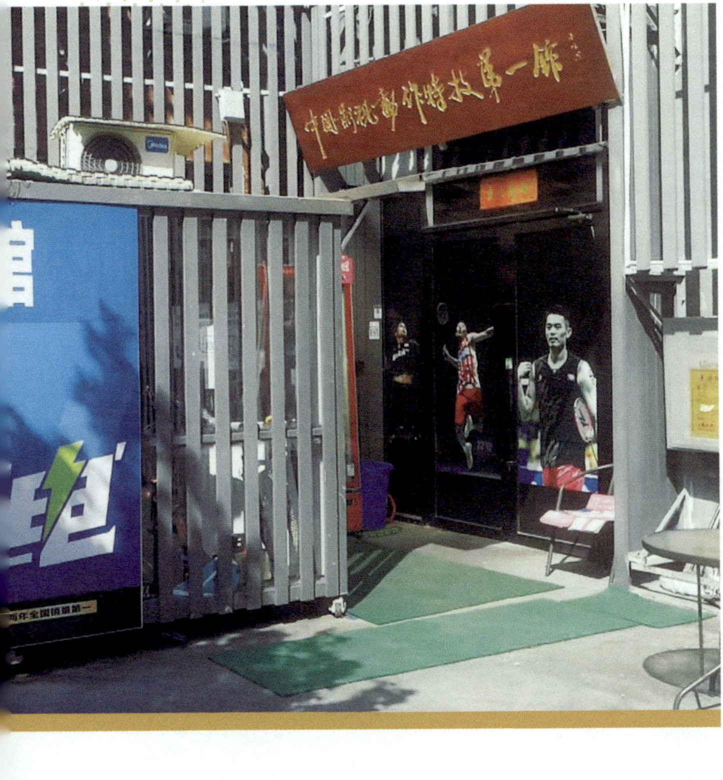

淋浴 SHOWER
空調 AIR CONDITIONER
看臺 STAND
AED

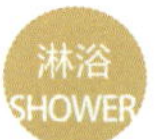

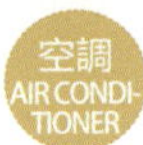

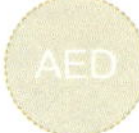

場館面積：600m^2
場地數量：5
空間高度：8m
場館類型：樓房改造
地面鋪設：其他
燈光設計：羽毛球標準燈光
醫院距離：< 2km
車位數量：30

福永杂技团羽毛球馆

FUYONG ACROBATICS TROUPE BADMINTON HALL

福新街 112 号
No. 112, Fuxin Street

- **场馆面积：** 500m²
- **场地数量：** 4
- **空间高度：** 9m+
- **场馆类型：** 楼房改造
- **地面铺设：** 龙骨 + 地板 + 地胶
- **灯光设计：** 羽毛球标准灯光
- **医院距离：** < 2km
- **车位数量：** 10

- **VENUE AREA:** 500m²
- **NUMBER OF BADMINTON COURTS:** 4
- **CEILING HEIGHT:** 9m+
- **VENUE TYPE:** building renovation
- **FLOOR PAVING:** keel+floor+adhesive
- **LIGHTING DESIGN:** badminton standard lighting
- **HOSPITAL DISTANCE:** < 2km
- **NUMBER OF PARKING SPACES:** 10

地面铺设	地面鋪設	FLOOR PAVING
★★★	★★★	★★★
标准灯光	標準燈光	STANDARD LIGHTING
是	是	Yes

淋浴

空调

看台

AED

福永雜技團羽毛球館

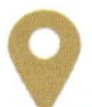

福新街 112 號

淋浴 SHOWER
空調 AIR CONDITIONER
看臺 STAND
AED

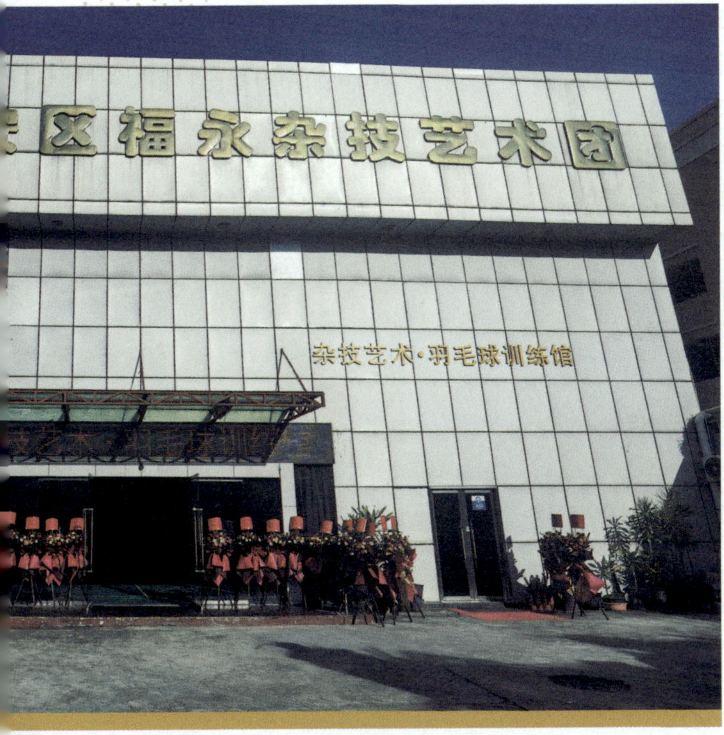

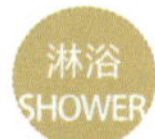

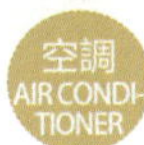

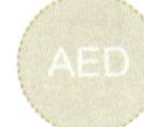

場館面積：500m²
場地數量：4
空間高度：9m+
場館類型：樓房改造
地面鋪設：龍骨 + 地板 + 地膠
燈光設計：羽毛球標準燈光
醫院距離：< 2km
車位數量：10

兴东羽毛球馆
XINGDONG BADMINTON HALL

留仙二路二巷 12 号
No. 12, Lane 2, Liuxian 2nd Road

场馆面积： 2300m^2
场地数量： 16
空间高度： 9m+
场馆类型： 空地改建
地面铺设： 其他
灯光设计： 羽毛球标准灯光
医院距离： > 3km
车位数量： 无

VENUE AREA:
2300m^2

NUMBER OF BADMINTON COURTS:
16

CEILING HEIGHT:
9m+

VENUE TYPE:
redevelopment of vacant land

FLOOR PAVING:
other

LIGHTING DESIGN:
badminton standard lighting

HOSPITAL DISTANCE:
> 3km

NUMBER OF PARKING SPACES:
none

地面铺设	地面鋪設	FLOOR PAVING
★	★	★
标准灯光	標準燈光	STANDARD LIGHTING
是	是	Yes

淋浴
空调
看台
AED

興東羽毛球館

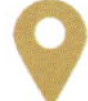

留仙二路二巷 12 號

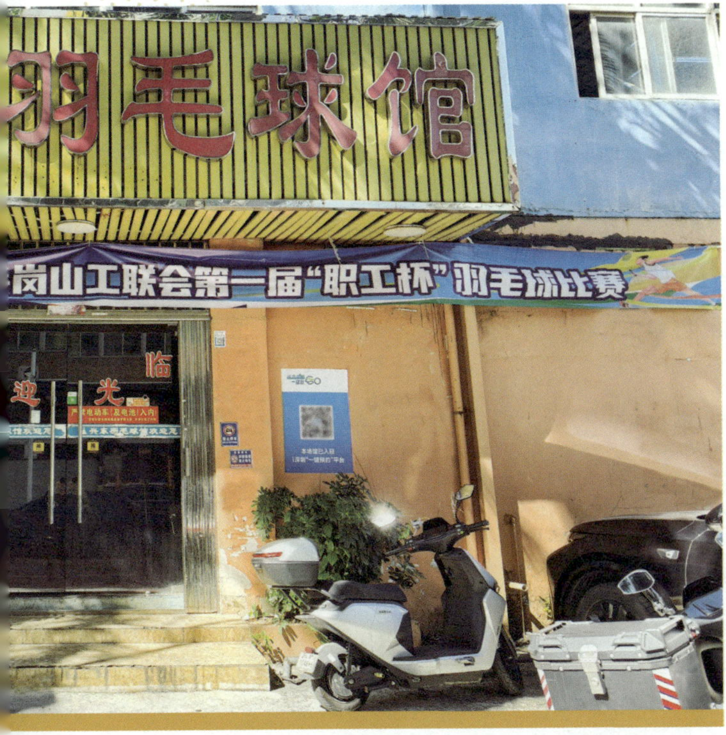

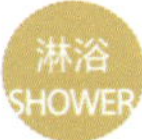

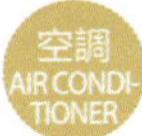

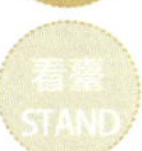

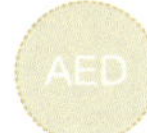

淋浴 SHOWER
空調 AIR CONDITIONER
看臺 STAND
AED

場館面積：2300m²
場地數量：16
空間高度：9m+
場館類型：空地改建
地面鋪設：其他
燈光設計：羽毛球標準燈光
醫院距離：> 3km
車位數量：無

纪元体育羽毛球馆

JIYUAN SPORTS BADMINTON HALL

上星路万科星城商业中心 1 栋负 2 楼
B2, Building 1, Vanke Xingcheng Commercial Center, Shangxing Road

- **场馆面积：** 1000m²
- **场地数量：** 13
- **空间高度：** 9m+
- **场馆类型：** 地下室
- **地面铺设：** 龙骨 + 地板 + 地胶
- **灯光设计：** 羽毛球标准灯光
- **医院距离：** > 3km
- **车位数量：** 200

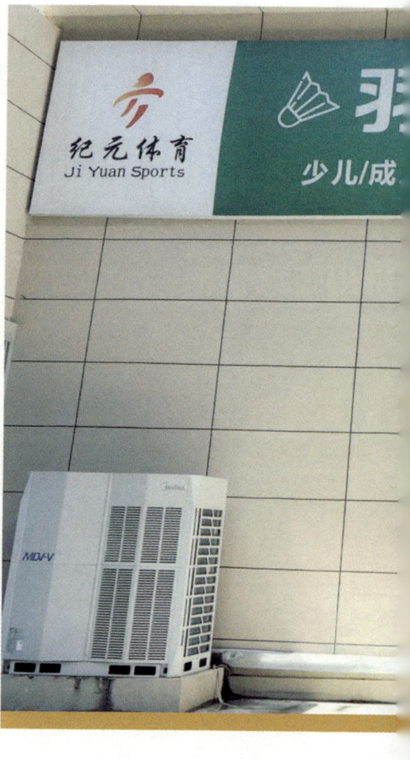

- **VENUE AREA:** 1000m²
- **NUMBER OF BADMINTON COURTS:** 13
- **CEILING HEIGHT:** 9m+
- **VENUE TYPE:** basement
- **FLOOR PAVING:** keel+floor+adhesive
- **LIGHTING DESIGN:** badminton standard lighting
- **HOSPITAL DISTANCE:** > 3km
- **NUMBER OF PARKING SPACES:** 200

地面铺设	地面鋪設	FLOOR PAVING
★★★	★★★	★★★
标准灯光	標準燈光	STANDARD LIGHTING
是	是	Yes

淋浴
空调
看台
AED

紀元體育羽毛球館

上星路萬科星城商業中心 1 棟負 2 樓

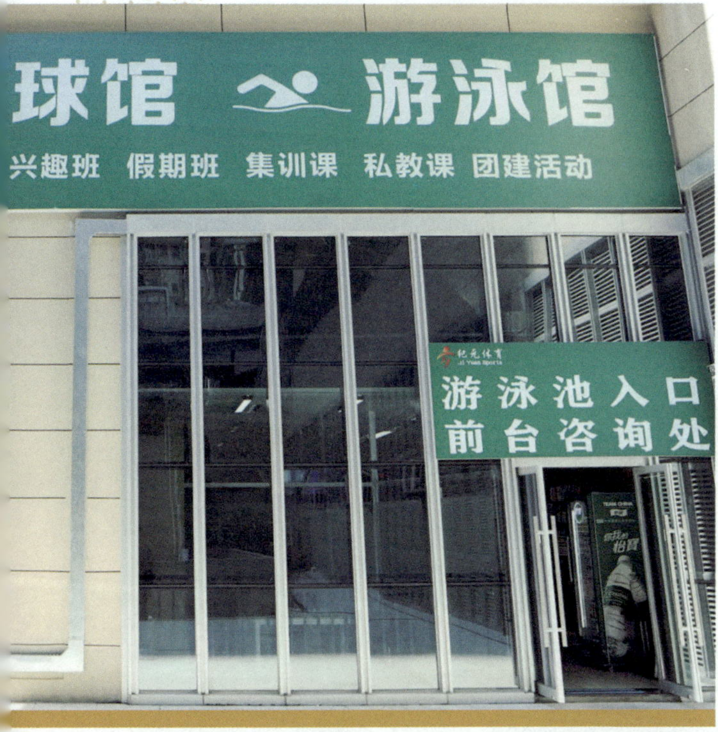

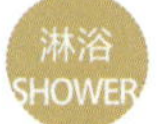

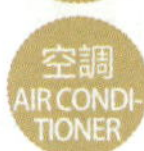

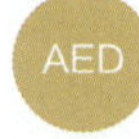

淋浴 SHOWER

空調 AIR CONDITIONER

看臺 STAND

AED

場館面積：1000m²

場地數量：13

空間高度：9m+

場館類型：地下室

地面鋪設：龍骨 + 地板 + 地膠

燈光設計：羽毛球標準燈光

醫院距離：> 3km

車位數量：200

1. 海浪运动中心羽毛球俱乐部 / 海浪運動中心羽毛球俱樂部
WAVE SPORTS CENTER BADMINTON CLUB
2. 昌汪羽毛球馆 / 昌汪羽毛球館
CHANGWANG BADMINTON HALL
3. 初心羽毛球馆 / 初心羽毛球館
CHUXIN BADMINTON HALL
4. 昌鑫羽毛球馆 / 昌鑫羽毛球館
CHANGXIN BADMINTON HALL
5. 威克多星际羽毛球 B 馆 / 威克多星際羽毛球 B 館
VICTOR INTERSTELLAR BADMINTON HALL B
6. 大新百富城羽毛球馆 / 大新百富城羽毛球館
DAXIN BAIFUCHENG BADMINTON HALL
7. 谁羽争峰羽毛球馆 / 誰羽争峰羽毛球館
SHEIYUZHENGFENG BADMINTON HALL
8. 元羽宙羽毛球馆 / 元羽宙羽毛球館
YUANYUZHOU BADMINTON HALL
9. 星际羽毛球馆（杨美店）/ 星際羽毛球館（楊美店）
INTERSTELLAR BADMINTON HALL（YANGMEI STORE）
10. 雪象羽毛球馆 / 雪象羽毛球館
XUEXIANG BADMINTON HALL
11. 五和羽毛球馆 / 五和羽毛球館
WUHE BADMINTON HALL
12. 飞羽羽毛球馆 / 飛羽羽毛球館
FEIYU BADMINTON HALL
13.SUNNY 球馆 /SUNNY 球館
SUNNY BADMINTON HALL
14. 星悦羽毛球馆 / 星悦羽毛球館
SUNJOY BADMINTON CLUB
15. 鼎峰超牌羽毛球馆 / 鼎峰超牌羽毛球館
DINGFENG CHAOPAI BADMINTON
16. 点线羽毛球俱乐部 / 點綫羽毛球俱樂部
DIANXIAN BADMINTON CLUB
17. 锡才莲花山庄羽毛球馆 / 錫才蓮花山莊羽毛球館
XICAI LIANHUA VILLA BADMINTON HALL
18. 欢动羽毛球馆 / 歡動羽毛球館
HUANDONG BADMINTON HALL
19. 鼎盛羽毛球馆 / 鼎盛羽毛球館
DINGSHENG BADMINTON HALL
20. 横岗羽毛球馆 / 横崗羽毛球館
HENGGANG BADMINTON HALL
21. 骄阳 New Youth 羽毛球馆 / 驕陽 New Youth 羽毛球館
JIAOYANG New Youth BADMINTON HALL
22. 正义羽毛球馆 / 正義羽毛球館
ZHENGYI BADMINTON HALL
23. 大上羽毛球馆 / 大上羽毛球館
DASHANG BADMINTON HALL
24. 大生智能运动中心 / 大生智能運動中心
DASHENG INTELLIGENT SPORTS CENTER
25. 五园羽毛球馆 / 五園羽毛球館
WUYUAN BADMINTON HALL
26. 三联羽毛球馆 / 三聯羽毛球館
SANLIAN BADMINTON HALL
27. 西坑羽毛球馆 / 西坑羽毛球館
XIKENG BADMINTON HALL
28. 幻鹰羽毛球馆 / 幻鷹羽毛球館
HUANYING BADMINTON HALL
29. 鑫峰羽毛球馆 / 鑫峰羽毛球館
XINFENG BADMINTON HALL
30. 可园羽毛球馆 / 可園羽毛球館
KEYUAN BADMINTON HALL
31. 桂芳园羽毛球馆 / 桂芳園羽毛球館
GUIFANGYUAN BADMINTON HALL

龙岗／龍崗

LONGGANG

海浪运动中心羽毛球俱乐部

WAVE SPORTS CENTER BADMINTON CLUB

爱龙路 81 号

No. 81, Ailong Road

- **场馆面积：** 2300m^2
- **场地数量：** 9
- **空间高度：** 7m
- **场馆类型：** 楼房改造
- **地面铺设：** 其他
- **灯光设计：** 羽毛球标准灯光
- **医院距离：** < 2km
- **车位数量：** 20

- **VENUE AREA:** 2300m^2
- **NUMBER OF BADMINTON COURTS:** 9
- **CEILING HEIGHT:** 7m
- **VENUE TYPE:** building renovation
- **FLOOR PAVING:** other
- **LIGHTING DESIGN:** badminton standard lighting
- **HOSPITAL DISTANCE:** < 2km
- **NUMBER OF PARKING SPACES:** 20

地面铺设	地面鋪設	FLOOR PAVING
★	★	★
标准灯光	標準燈光	STANDARD LIGHTING
是	是	Yes

淋浴

空调

看台

AED

海浪運動中心羽毛球俱樂部

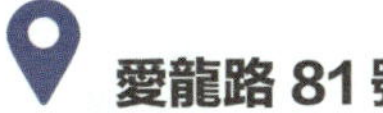

愛龍路 81 號

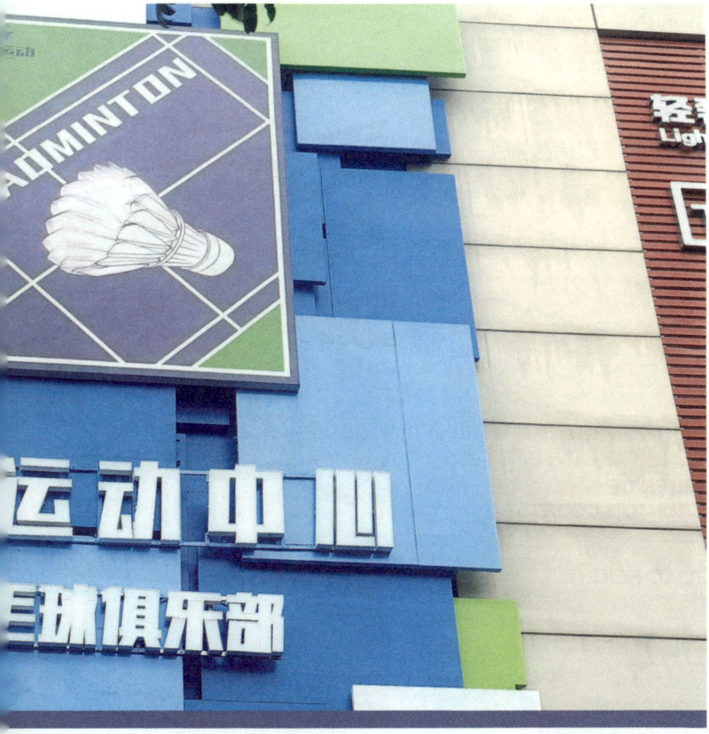

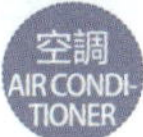

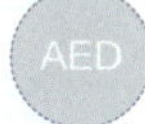

淋浴 SHOWER
空調 AIR CONDITIONER
看臺 STAND
AED

場館面積： 2300m^2
場地數量： 9
空間高度： 7m
場館類型： 樓房改造
地面鋪設： 其他
燈光設計： 羽毛球標準燈光
醫院距離： < 2km
車位數量： 20

昌汪羽毛球馆

CHANGWANG BADMINTON HALL

宝吉路宝吉二分厂
Baoji 2nd Factory, Baoji Road

场馆面积： 5800m^2
场地数量： 32
空间高度： 9m+
场馆类型： 厂房改造
地面铺设： 龙骨 + 地板 + 地胶
灯光设计： 羽毛球标准灯光
医院距离： < 2km
车位数量： 80

VENUE AREA:
5800m^2

NUMBER OF BADMINTON COURTS:
32

CEILING HEIGHT:
9m+

VENUE TYPE:
factory renovation

FLOOR PAVING:
keel+floor+adhesive

LIGHTING DESIGN:
badminton standard lighting

HOSPITAL DISTANCE:
< 2km

NUMBER OF PARKING SPACES:
80

地面铺设	地面鋪設	FLOOR PAVING
★★★	★★★	★★★
标准灯光	標準燈光	STANDARD LIGHTING
是	是	Yes

淋浴
空调
看台
AED

昌汪羽毛球館

寶吉路寶吉二分廠

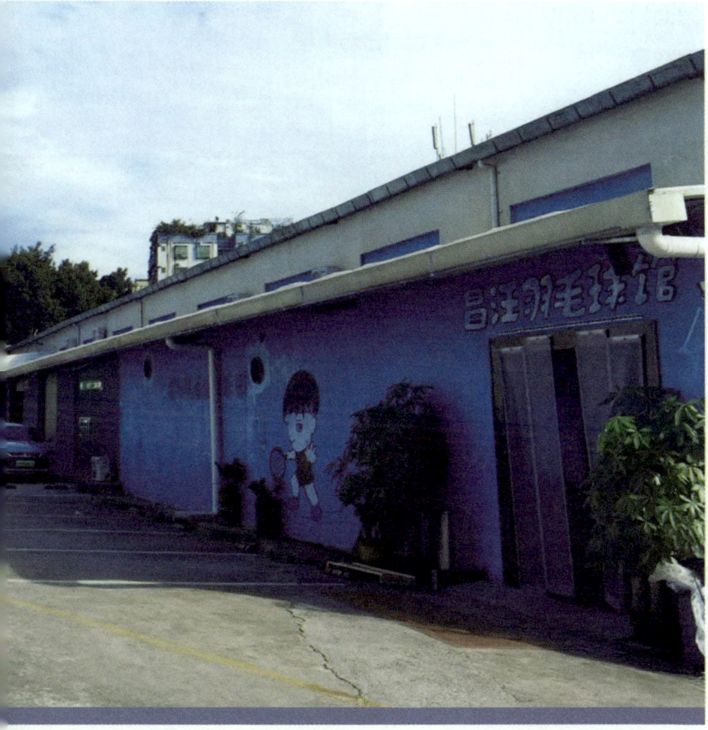

場館面積： 5800m^2

場地數量： 32

空間高度： 9m+

場館類型： 廠房改造

地面鋪設： 龙骨 + 地板 + 地胶

燈光設計： 羽毛球標準燈光

醫院距離： < 2km

車位數量： 80

初心羽毛球馆

CHUXIN BADMINTON HALL

五和大道万科星火 ONLINE
Vanke Spark ONLINE, Wuhe Avenue

- **场馆面积：** 4000m^2
- **场地数量：** 25
- **空间高度：** 9m+
- **场馆类型：** 厂房改造
- **地面铺设：** 其他
- **灯光设计：** 羽毛球标准灯光
- **医院距离：** < 2km
- **车位数量：** 500

- **VENUE AREA:** 4000m^2
- **NUMBER OF BADMINTON COURTS:** 25
- **CEILING HEIGHT:** 9m+
- **VENUE TYPE:** factory renovation
- **FLOOR PAVING:** other
- **LIGHTING DESIGN:** badminton standard lighting
- **HOSPITAL DISTANCE:** < 2km
- **NUMBER OF PARKING SPACES:** 500

地面铺设	地面鋪設	FLOOR PAVING
★	★	★
标准灯光	標準燈光	STANDARD LIGHTING
是	是	Yes

淋浴

空调

看台

AED

初心羽毛球館

五和大道萬科星火 ONLINE

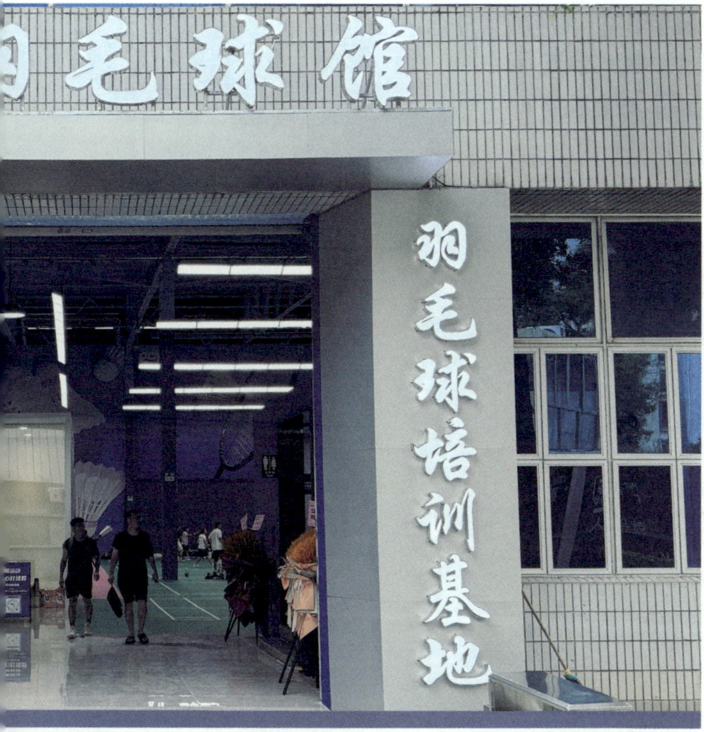

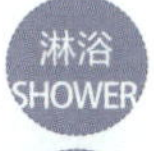

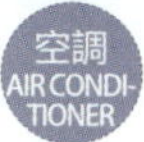

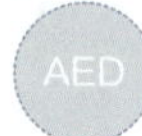

淋浴 SHOWER
空調 AIR CONDITIONER
看臺 STAND
AED

場館面積：4000m^2
場地數量：25
空間高度：9m+
場館類型：廠房改造

地面鋪設：其他
燈光設計：羽毛球標準燈光
醫院距離：< 2km
車位數量：500

昌鑫羽毛球馆

CHANGXIN BADMINTON HALL

龙山工业区 5 号 6 栋 101
101, Building 6, No. 5, Longshan Industrial Zone

场馆面积： 4000m^2
场地数量： 25
空间高度： 9m+
场馆类型： 厂房改造
地面铺设： 龙骨 + 地板 + 地胶
灯光设计： 羽毛球标准灯光
医院距离： < 2km
车位数量： 500

VENUE AREA:
4000m^2

NUMBER OF BADMINTON COURTS:
25

CEILING HEIGHT:
9m+

VENUE TYPE:
factory renovation

FLOOR PAVING:
keel+floor+adhesive

LIGHTING DESIGN:
badminton standard lighting

HOSPITAL DISTANCE:
< 2km

NUMBER OF PARKING SPACES:
500

地面铺设	地面鋪設	FLOOR PAVING
★★★	★★★	★★★
标准灯光	標準燈光	STANDARD LIGHTING
是	是	Yes

淋浴
空调
看台
AED

昌鑫羽毛球館

龍山工業區 5 號 6 棟 101

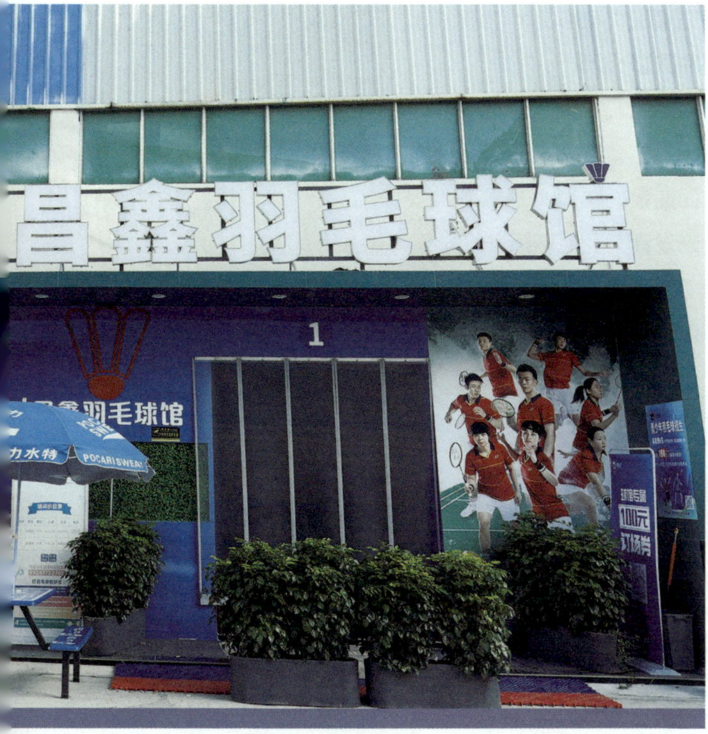

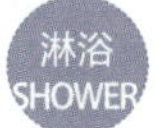

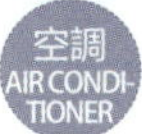

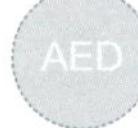

龙岗

淋浴 SHOWER

空調 AIR CONDITIONER

看臺 STAND

AED

場館面積：4000m^2	地面鋪設：龍骨 + 地板 + 地膠
場地數量：25	燈光設計：羽毛球標準燈光
空間高度：9m+	醫院距離：< 2km
場館類型：廠房改造	車位數量：500

威克多星际羽毛球 B 馆

VICTOR INTERSTELLAR BADMINTON HALL B

旺塘上段工业区 3 号
No. 3, Shangduan Industrial Zone, Wangtang

- **场馆面积：** 4000m²
- **场地数量：** 21
- **空间高度：** 9m+
- **场馆类型：** 厂房改造
- **地面铺设：** 龙骨 + 地板 + 地胶
- **灯光设计：** 羽毛球标准灯光
- **医院距离：** < 2km
- **车位数量：** 50

- **VENUE AREA:** 4000m²
- **NUMBER OF BADMINTON COURTS:** 21
- **CEILING HEIGHT:** 9m+
- **VENUE TYPE:** factory renovation
- **FLOOR PAVING:** keel+floor+adhesive
- **LIGHTING DESIGN:** badminton standard lighting
- **HOSPITAL DISTANCE:** < 2km
- **NUMBER OF PARKING SPACES:** 50

地面铺设	地面鋪設	FLOOR PAVING
★★★	★★★	★★★
标准灯光	標準燈光	STANDARD LIGHTING
是	是	Yes

淋浴

空调

看台

AED

威克多星際羽毛球 B 館

旺塘上段工業區 3 號

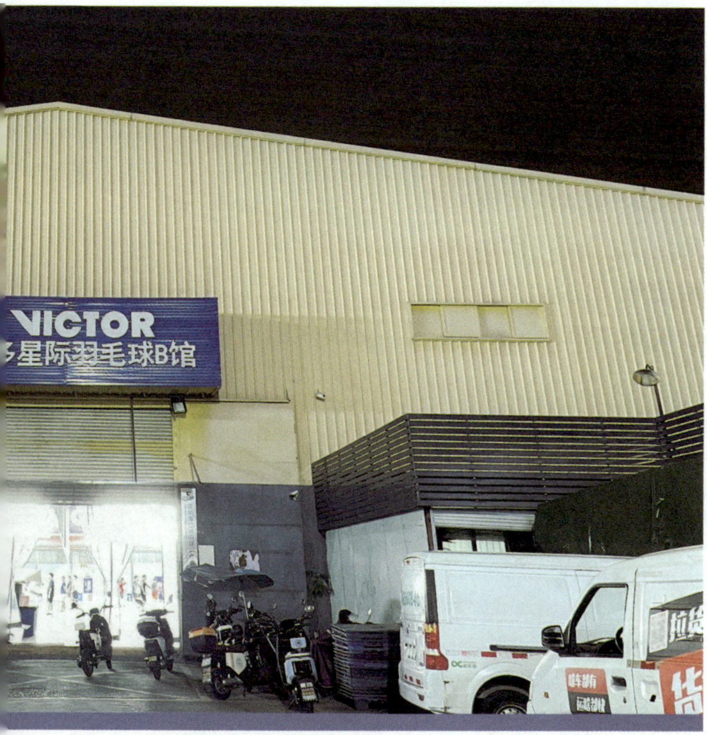

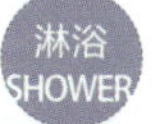

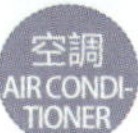

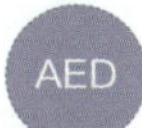

淋浴 SHOWER

空調 AIR CONDI-TIONER

看臺 STAND

AED

場館面積： 4000m²

場地數量： 21

空間高度： 9m+

場館類型： 廠房改造

地面鋪設： 龍骨 + 地板 + 地膠

燈光設計： 羽毛球標準燈光

醫院距離： < 2km

車位數量： 50

大新百富城羽毛球馆

DAXIN BAIFUCHENG BADMINTON HALL

碧新路百富城五区 3 楼
3rd Floor, District 5, Baifucheng, Bixin Road

- **场馆面积：** 3218m^2
- **场地数量：** 25
- **空间高度：** 9m+
- **场馆类型：** 厂房改造
- **地面铺设：** 龙骨 + 地板 + 地胶
- **灯光设计：** 羽毛球标准灯光
- **医院距离：** < 2km
- **车位数量：** 300

VENUE AREA:
3218m^2

NUMBER OF BADMINTON COURTS:
25

CEILING HEIGHT:
9m+

VENUE TYPE:
factory renovation

FLOOR PAVING:
keel+floor+adhesive

LIGHTING DESIGN:
badminton standard lighting

HOSPITAL DISTANCE:
< 2km

NUMBER OF PARKING SPACES:
300

地面铺设	地面鋪設	FLOOR PAVING
★★★	★★★	★★★
标准灯光	標準燈光	STANDARD LIGHTING
是	是	Yes

淋浴
空调

AED

大新百富城羽毛球館

碧新路百富城五區 3 樓

淋浴 SHOWER

空調 AIR CONDI-TIONER

看臺 STAND

AED

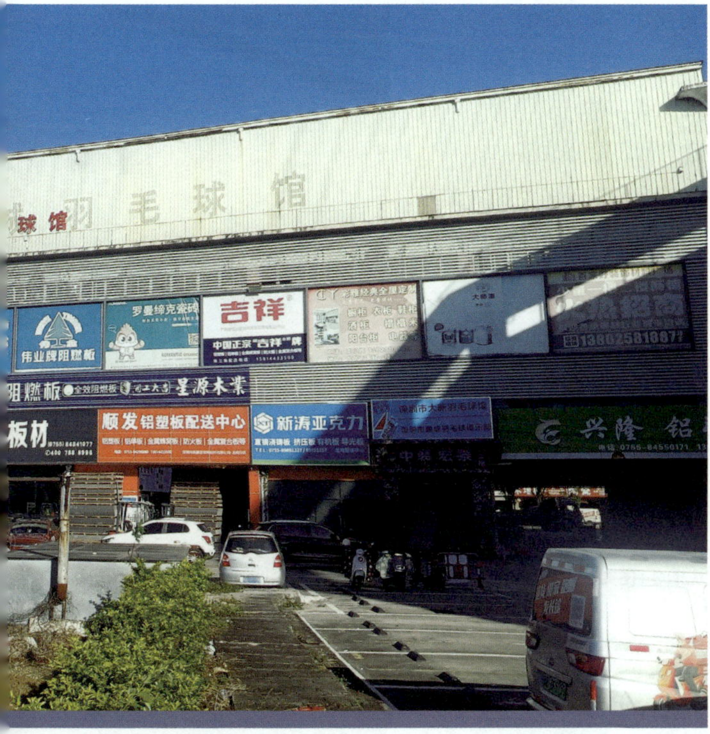

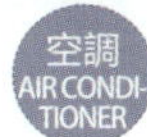

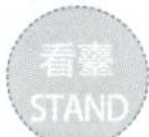

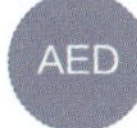

場館面積： $3218m^2$

場地數量： 25

空間高度： 9m+

場館類型： 廠房改造

地面鋪設： 龍骨 + 地板 + 地膠

燈光設計： 羽毛球標準燈光

醫院距離： < 2km

車位數量： 300

谁羽争峰羽毛球馆

SHEIYUZHENGFENG BADMINTON HALL

伟群路 2 号

No. 2, Weiqun Road

- **场馆面积：** 3006m^2
- **场地数量：** 11
- **空间高度：** 9m+
- **场馆类型：** 厂房改造
- **地面铺设：** 龙骨 + 地板 + 地胶
- **灯光设计：** 羽毛球标准灯光
- **医院距离：** < 2km
- **车位数量：** 20

- **VENUE AREA:** 3006m^2
- **NUMBER OF BADMINTON COURTS:** 11
- **CEILING HEIGHT:** 9m+
- **VENUE TYPE:** factory renovation
- **FLOOR PAVING:** keel+floor+adhesive
- **LIGHTING DESIGN:** badminton standard lighting
- **HOSPITAL DISTANCE:** < 2km
- **NUMBER OF PARKING SPACES:** 20

地面铺设	地面鋪設	FLOOR PAVING
★★★	★★★	★★★
标准灯光	標準燈光	STANDARD LIGHTING
是	是	Yes

淋浴

誰羽争峰羽毛球館

偉群路 2 號

淋浴 SHOWER
空調 AIR CONDI-TIONER
看臺 STAND
AED

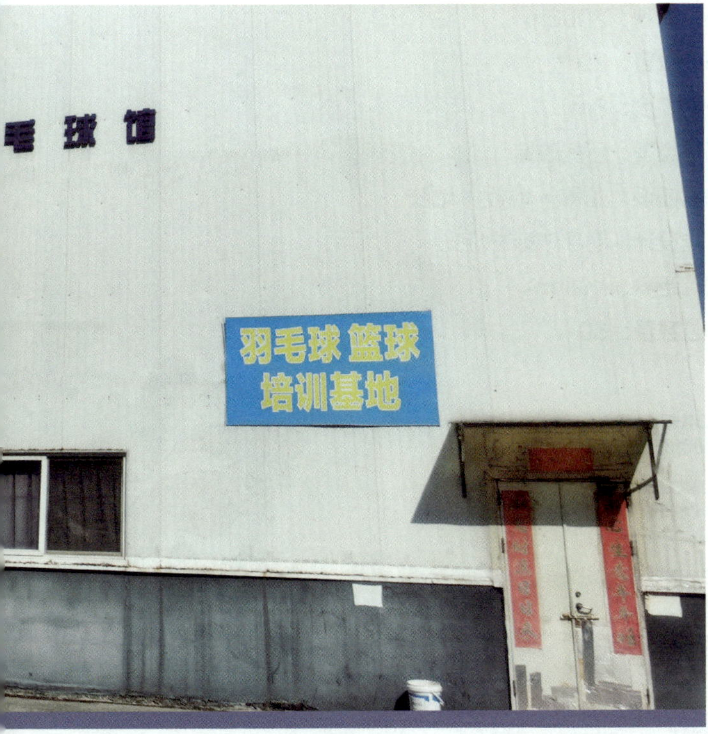

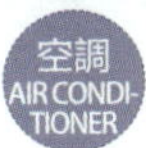

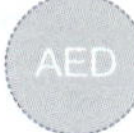

場館面積：3006m^2
場地數量：11
空間高度：9m+
場館類型：廠房改造

地面鋪設：龍骨 + 地板 + 地膠
燈光設計：羽毛球標準燈光
醫院距離：< 2km
車位數量：20

元羽宙羽毛球馆

YUANYUZHOU BADMINTON HALL

麒麟路富奇智汇园 B04

B04, Fuqi Zhihuiyuan, Qilin Road

- **场馆面积：**2000m^2
- **场地数量：**20
- **空间高度：**8m
- **场馆类型：**厂房改造
- **地面铺设：**龙骨 + 地板 + 地胶
- **灯光设计：**羽毛球标准灯光
- **医院距离：**< 2km
- **车位数量：**60

- **VENUE AREA:** 2000m^2
- **NUMBER OF BADMINTON COURTS:** 20
- **CEILING HEIGHT:** 8m
- **VENUE TYPE:** factory renovation
- **FLOOR PAVING:** keel+floor+adhesive
- **LIGHTING DESIGN:** badminton standard lighting
- **HOSPITAL DISTANCE:** < 2km
- **NUMBER OF PARKING SPACES:** 60

地面铺设	地面鋪設	FLOOR PAVING
★★★	★★★	★★★
标准灯光	標準燈光	STANDARD LIGHTING
是	是	Yes

淋浴
空调
看台
AED

元羽宙羽毛球館

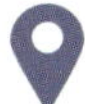

麒麟路富奇智匯園 B04

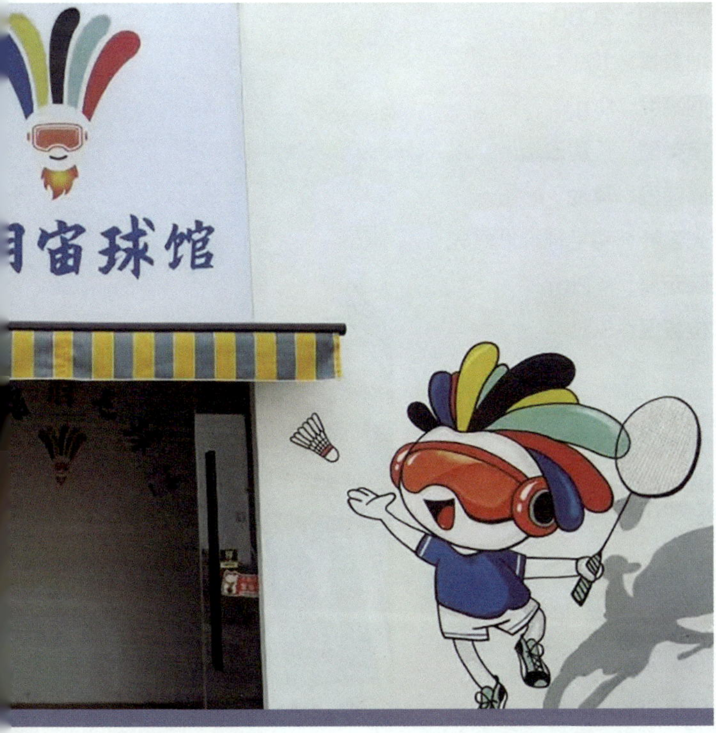

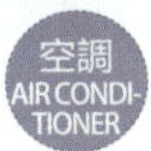

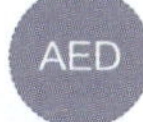

淋浴 SHOWER

空調 AIR CONDITIONER

看臺 STAND

AED

- 場館面積：2000m^2
- 場地數量：20
- 空間高度：8m
- 場館類型：廠房改造
- 地面鋪設：龍骨 + 地板 + 地膠
- 燈光設計：羽毛球標準燈光
- 醫院距離：< 2km
- 車位數量：60

星际羽毛球馆（杨美店）

INTERSTELLAR BADMINTON HALL (YANGMEI STORE)

旺塘一巷 1 号

No. 1, Lane 1, Wangtang

- **场馆面积：** 2000m^2
- **场地数量：** 16
- **空间高度：** 9m+
- **场馆类型：** 厂房改造
- **地面铺设：** 其他
- **灯光设计：** 羽毛球标准灯光
- **医院距离：** < 2km
- **车位数量：** 30

- **VENUE AREA:** 2000m^2
- **NUMBER OF BADMINTON COURTS:** 16
- **CEILING HEIGHT:** 9m+
- **VENUE TYPE:** factory renovation
- **FLOOR PAVING:** other
- **LIGHTING DESIGN:** badminton standard lighting
- **HOSPITAL DISTANCE:** < 2km
- **NUMBER OF PARKING SPACES:** 30

地面铺设	地面鋪設	FLOOR PAVING
★	★	★
标准灯光	標準燈光	STANDARD LIGHTING
是	是	Yes

淋浴
空调
看台
AED

星際羽毛球館（楊美店）

旺塘一巷 1 號

淋浴 SHOWER
空調 AIR CONDITIONER
看臺 STAND
AED

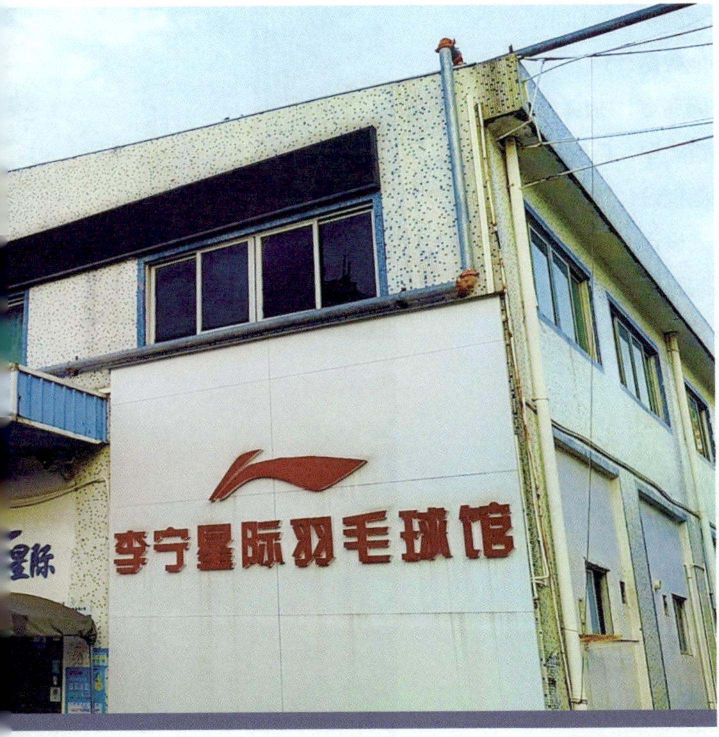

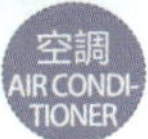

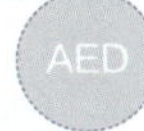

場館面積：$2000m^2$
場地數量：16
空間高度：9m+
場館類型：廠房改造
地面鋪設：其他
燈光設計：羽毛球標準燈光
醫院距離：＜2km
車位數量：30

雪象羽毛球馆
XUEXIANG BADMINTON HALL

中浩二路源创空间雪象园 A4 栋 1 层
1st Floor, Building A4, Yuanchuang Space Xuexiang Park, Zhonghao 2nd Road

场馆面积： 1800m^2
场地数量： 14
空间高度： 9m+
场馆类型： 厂房改造
地面铺设： 其他
灯光设计： 羽毛球标准灯光
医院距离： < 2km
车位数量： 150

VENUE AREA:
1800m^2

NUMBER OF BADMINTON COURTS:
14

CEILING HEIGHT:
9m+

VENUE TYPE:
factory renovation

FLOOR PAVING:
other

LIGHTING DESIGN:
badminton standard lighting

HOSPITAL DISTANCE:
< 2km

NUMBER OF PARKING SPACES:
150

地面铺设	地面鋪設	FLOOR PAVING
★	★	★
标准灯光	標準燈光	STANDARD LIGHTING
是	是	Yes

淋浴
空调
看台
AED

雪象羽毛球館

中浩二路源創空間雪象園 A4 棟 1 層

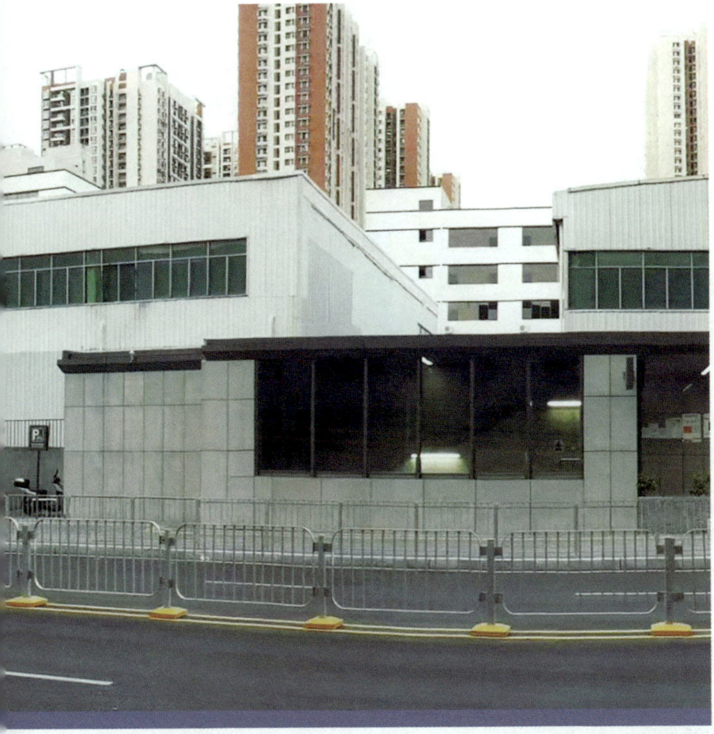

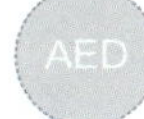

淋浴 SHOWER
空調 AIR CONDITIONER
看臺 STAND
AED

場館面積：$1800m^2$
場地數量：14
空間高度：9m+
場館類型：廠房改造
地面鋪設：其他
燈光設計：羽毛球標準燈光
醫院距離：< 2km
車位數量：150

五和羽毛球馆

WUHE BADMINTON HALL

板富路辉达自行车厂 2 楼

2nd Floor, Huida Bicycle Factory, Banfu Road

场馆面积： 1500m^2

场地数量： 12

空间高度： 9m+

场馆类型： 厂房改造

地面铺设： 其他

灯光设计： 羽毛球标准灯光

医院距离： < 2km

车位数量： 150

VENUE AREA:
1500m^2

NUMBER OF BADMINTON COURTS:
12

CEILING HEIGHT:
9m+

VENUE TYPE:
factory renovation

FLOOR PAVING:
other

LIGHTING DESIGN:
badminton standard lighting

HOSPITAL DISTANCE:
< 2km

NUMBER OF PARKING SPACES:
150

地面铺设	地面鋪設	FLOOR PAVING
★	★	★
标准灯光	標準燈光	STANDARD LIGHTING
是	是	Yes

淋浴
空调
看台
AED

五和羽毛球館

板富路輝達自行車廠 2 樓

淋浴 SHOWER
空調 AIR CONDITIONER
看臺 STAND
AED

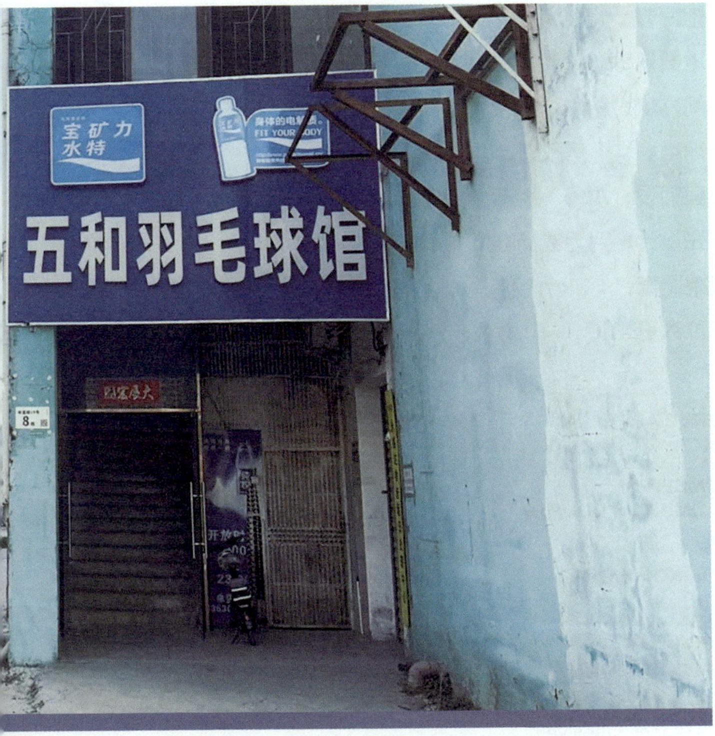

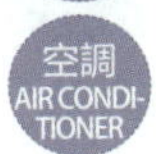

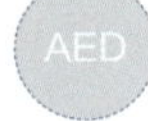

場館面積：$1500m^2$
場地數量：12
空間高度：9m+
場館類型：廠房改造
地面鋪設：其他
燈光設計：羽毛球標準燈光
醫院距離：< 2km
車位數量：150

飞羽羽毛球馆

FEIYU BADMINTON HALL

龙腾三路忠艺创投产业园 Y7 栋

Building Y7, Zhongyi Venture Capital Investment Industrial Park, Longteng 3rd Road

场馆面积： 1500m^2

场地数量： 9

空间高度： 9m+

场馆类型： 厂房改造

地面铺设： 龙骨 + 地板 + 地胶

灯光设计： 羽毛球标准灯光

医院距离： < 2km

车位数量： 10

VENUE AREA:
1500m^2

NUMBER OF BADMINTON COURTS:
9

CEILING HEIGHT:
9m+

VENUE TYPE:
factory renovation

FLOOR PAVING:
keel+floor+adhesive

LIGHTING DESIGN:
badminton standard lighting

HOSPITAL DISTANCE:
< 2km

NUMBER OF PARKING SPACES:
10

地面铺设	地面鋪設	FLOOR PAVING
★★★	★★★	★★★
标准灯光	標準燈光	STANDARD LIGHTING
是	是	Yes

淋浴

空调

看台

AED

飛羽羽毛球館

龍騰三路忠藝創投産業園 Y7 棟

淋浴 SHOWER

空調 AIR CONDITIONER

看臺 STAND

AED

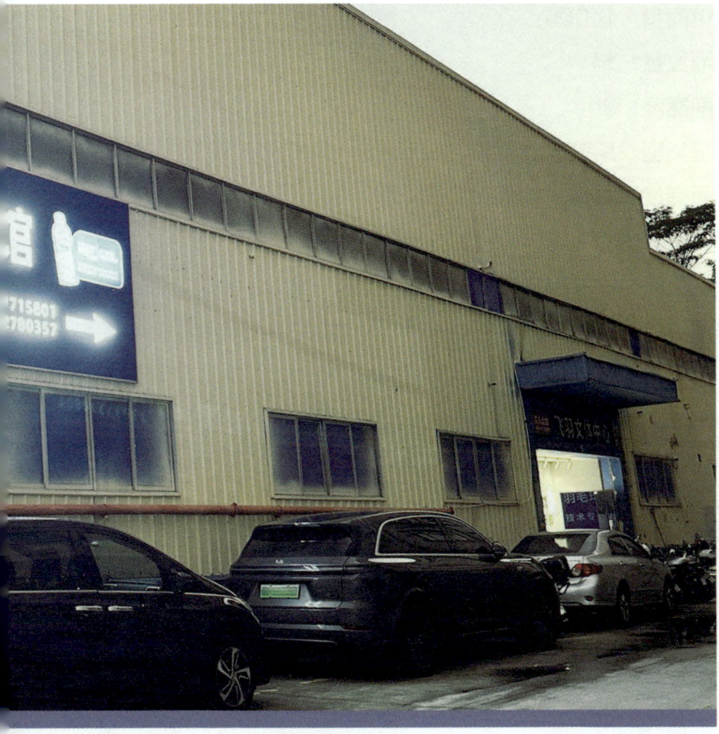

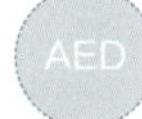

場館面積： 1500m^2

場地數量： 9

空間高度： 9m+

場館類型： 廠房改造

地面鋪設： 龍骨 + 地板 + 地膠

燈光設計： 羽毛球標準燈光

醫院距離： < 2km

車位數量： 10

SUNNY 球馆

SUNNY BADMINTON HALL

盛宝路 2 号
No. 2, Shengbao Road

- **场馆面积：** 1400m^2
- **场地数量：** 14
- **空间高度：** 8m
- **场馆类型：** 厂房改造
- **地面铺设：** 龙骨 + 地板 + 地胶
- **灯光设计：** 羽毛球标准灯光
- **医院距离：** < 2km
- **车位数量：** 8

- **VENUE AREA:** 1400m^2
- **NUMBER OF BADMINTON COURTS:** 14
- **CEILING HEIGHT:** 8m
- **VENUE TYPE:** factory renovation
- **FLOOR PAVING:** keel+floor+adhesive
- **LIGHTING DESIGN:** badminton standard lighting
- **HOSPITAL DISTANCE:** < 2km
- **NUMBER OF PARKING SPACES:** 8

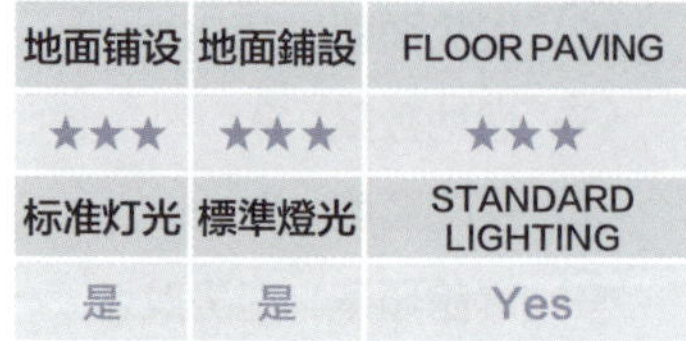

地面铺设	地面鋪設	FLOOR PAVING
★★★	★★★	★★★
标准灯光	標準燈光	STANDARD LIGHTING
是	是	Yes

SUNNY 球館

盛寶路 2 號

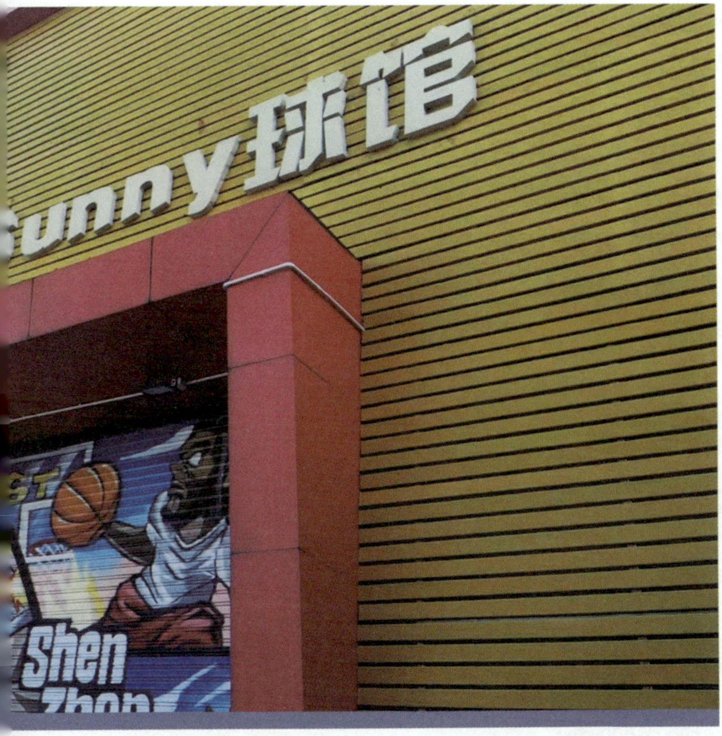

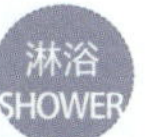

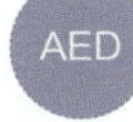

淋浴 SHOWER

空調 AIR CONDITIONER

看臺 STAND

AED

場館面積： 1400m²

場地數量： 14

空間高度： 8m

場館類型： 廠房改造

地面鋪設： 龍骨 + 地板 + 地膠

燈光設計： 羽毛球標準燈光

醫院距離： < 2km

車位數量： 8

星悦羽毛球馆

SUNJOY BADMINTON CLUB

宝龙一路 4 号
No. 4, Baolong 1st Street

- **场馆面积：** 1300m²
- **场地数量：** 9
- **空间高度：** 9m+
- **场馆类型：** 厂房改造
- **地面铺设：** 龙骨 + 地板 + 地胶
- **灯光设计：** 羽毛球标准灯光
- **医院距离：** > 3km
- **车位数量：** 60

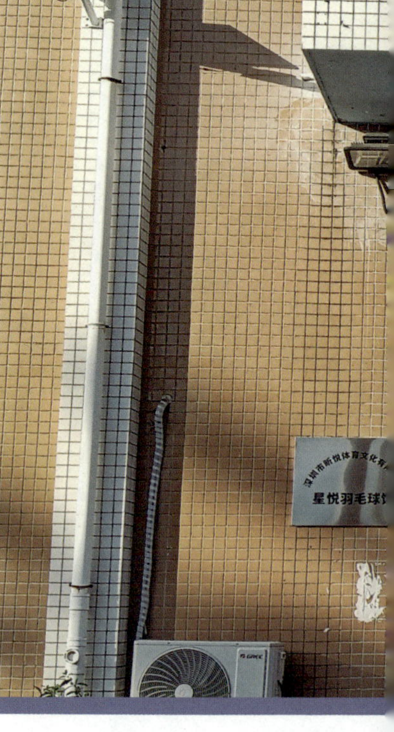

- **VENUE AREA:** 1300m²
- **NUMBER OF BADMINTON COURTS:** 9
- **CEILING HEIGHT:** 9m+
- **VENUE TYPE:** factory renovation
- **FLOOR PAVING:** keel+floor+adhesive
- **LIGHTING DESIGN:** badminton standard lighting
- **HOSPITAL DISTANCE:** > 3km
- **NUMBER OF PARKING SPACES:** 60

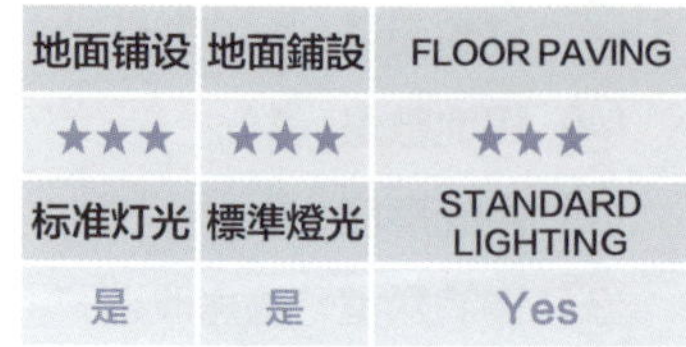

地面铺设	地面鋪設	FLOOR PAVING
★★★	★★★	★★★
标准灯光	標準燈光	STANDARD LIGHTING
是	是	Yes

淋浴 空调 看台 AED

星悦羽毛球館

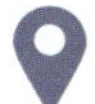

寶龍一路 4 號

淋浴 SHOWER

空調 AIR CONDITIONER

看臺 STAND

AED

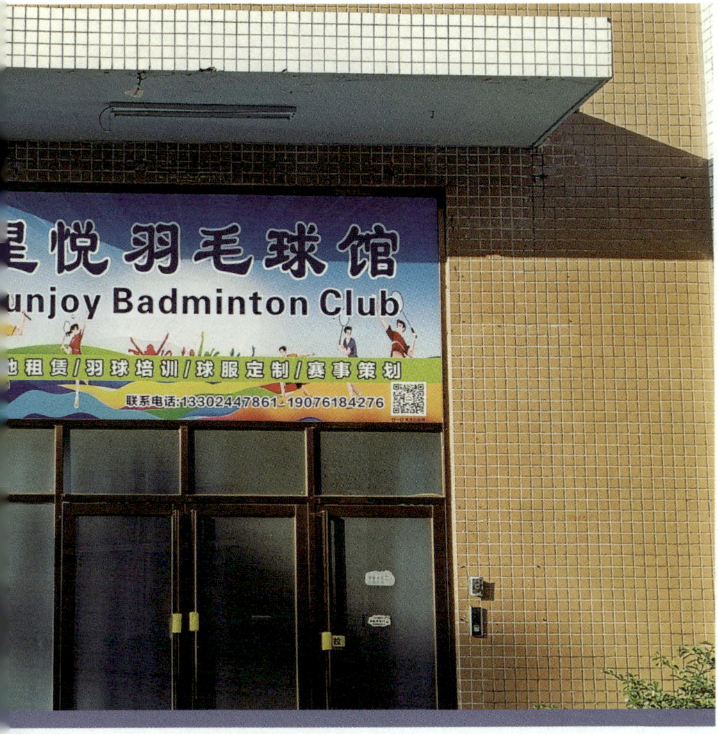

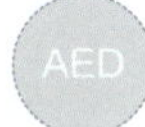

場館面積：$1300m^2$

場地數量：9

空間高度：9m+

場館類型：廠房改造

地面鋪設：龍骨 + 地板 + 地膠

燈光設計：羽毛球標準燈光

醫院距離：> 3km

車位數量：60

鼎峰超牌羽毛球馆

DINGFENG CHAOPAI BADMINTON

当纳利物流园
Dangnali Logistics Park

- **场馆面积：** 1200m^2
- **场地数量：** 9
- **空间高度：** 9m+
- **场馆类型：** 厂房改造
- **地面铺设：** 其他
- **灯光设计：** 羽毛球标准灯光
- **医院距离：** < 2km
- **车位数量：** 20

- **VENUE AREA:** 1200m^2
- **NUMBER OF BADMINTON COURTS:** 9
- **CEILING HEIGHT:** 9m+
- **VENUE TYPE:** factory renovation
- **FLOOR PAVING:** other
- **LIGHTING DESIGN:** badminton standard lighting
- **HOSPITAL DISTANCE:** < 2km
- **NUMBER OF PARKING SPACES:** 20

地面铺设	地面鋪設	FLOOR PAVING
★	★	★
标准灯光	標準燈光	STANDARD LIGHTING
是	是	Yes

淋浴 空调 看台 AED

鼎峰超牌羽毛球館

當納利物流園

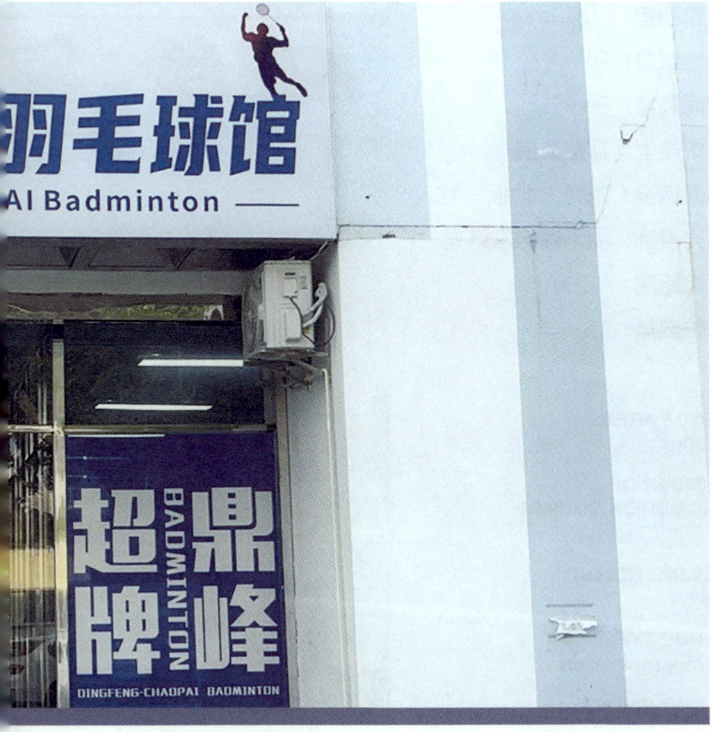

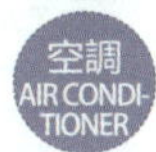

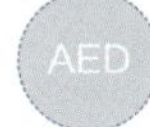

淋浴 SHOWER

空調 AIR CONDITIONER

看臺 STAND

AED

場館面積：1200m²

場地數量：9

空間高度：9m+

場館類型：廠房改造

地面鋪設：其他

燈光設計：羽毛球標準燈光

醫院距離：< 2km

車位數量：20

点线羽毛球俱乐部

DIANXIAN BADMINTON CLUB

六和路 21 号
No. 21, Liuhe Road

场馆面积： 1000m²

场地数量： 9

空间高度： 9m+

场馆类型： 厂房改造

地面铺设： 龙骨 + 地板 + 地胶

灯光设计： 羽毛球标准灯光

医院距离： < 2km

车位数量： 15

VENUE AREA:
1000m²

NUMBER OF BADMINTON COURTS:
9

CEILING HEIGHT:
9m+

VENUE TYPE:
factory renovation

FLOOR PAVING:
keel+floor+adhesive

LIGHTING DESIGN:
badminton standard lighting

HOSPITAL DISTANCE:
< 2km

NUMBER OF PARKING SPACES:
15

地面铺设	地面鋪設	FLOOR PAVING
★★★	★★★	★★★
标准灯光	標準燈光	STANDARD LIGHTING
是	是	Yes

淋浴

空调

看台

AED

點綫羽毛球俱樂部

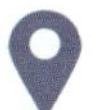

六和路 21 號

淋浴 SHOWER

空調 AIR CONDITIONER

看臺 STAND

AED

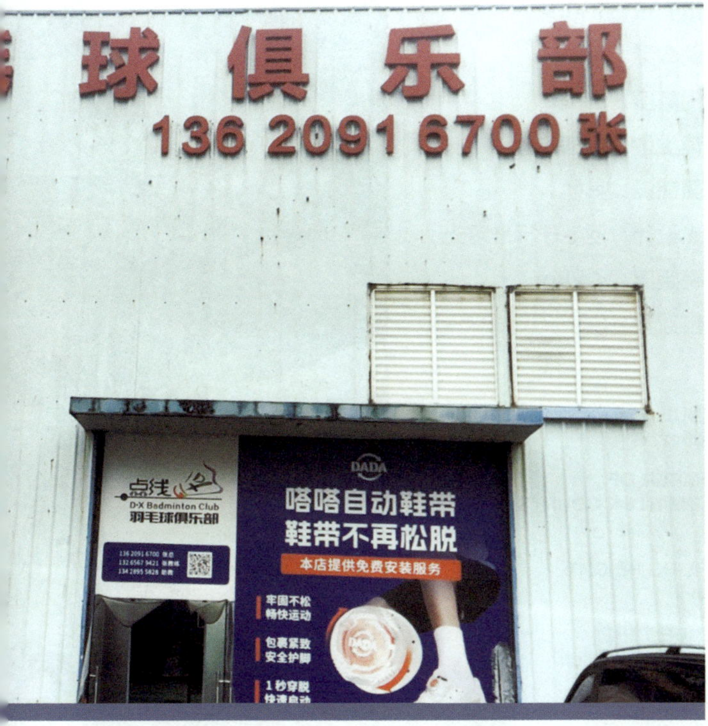

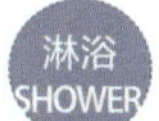

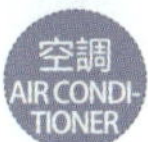

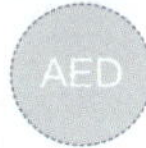

場館面積：1000m^2

場地數量：9

空間高度：9m+

場館類型：廠房改造

地面鋪設：龍骨 + 地板 + 地膠

燈光設計：羽毛球標準燈光

醫院距離：< 2km

車位數量：15

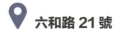

锡才莲花山庄羽毛球馆

XICAI LIANHUA VILLA BADMINTON HALL

莲花路 130 号
No. 130, Lianhua Road

- **场馆面积：** $1000m^2$
- **场地数量：** 5
- **空间高度：** 9m+
- **场馆类型：** 厂房改造
- **地面铺设：** 其他
- **灯光设计：** 羽毛球标准灯光
- **医院距离：** < 2km
- **车位数量：** 80

- **VENUE AREA:** $1000m^2$
- **NUMBER OF BADMINTON COURTS:** 5
- **CEILING HEIGHT:** 9m+
- **VENUE TYPE:** factory renovation
- **FLOOR PAVING:** other
- **LIGHTING DESIGN:** badminton standard lighting
- **HOSPITAL DISTANCE:** < 2km
- **NUMBER OF PARKING SPACES:** 80

地面铺设	地面鋪設	FLOOR PAVING
★	★	★
标准灯光	標準燈光	STANDARD LIGHTING
是	是	Yes

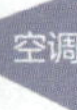

錫才蓮花山莊羽毛球館

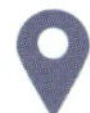

蓮花路 130 號

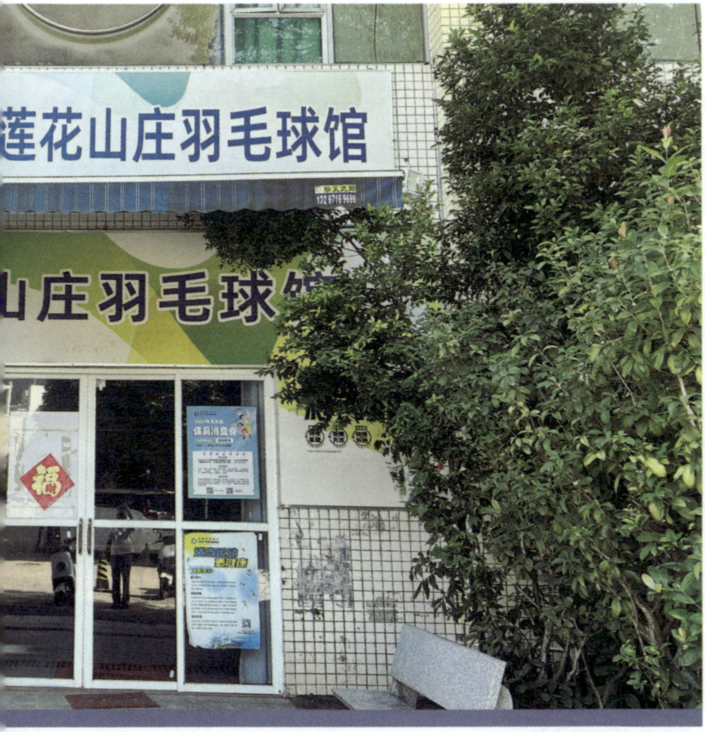

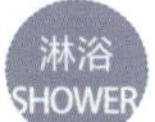

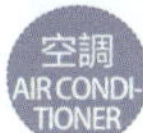

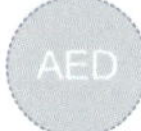

龙岗

淋浴 SHOWER

空調 AIR CONDITIONER

看臺 STAND

AED

場館面積：1000m²

場地數量：5

空間高度：9m+

場館類型：廠房改造

地面鋪設：其他

燈光設計：羽毛球標準燈光

醫院距離：< 2km

車位數量：80

欢动羽毛球馆

HUANDONG BADMINTON HALL

红棉四路 23 号中联展 · 新能源汽车城 12 栋 101
101, Building 12, Zhonglianzhan New Energy Automobile Mall, No. 23, Hongmian 4th Road

- **场馆面积：** 1000m^2
- **场地数量：** 5
- **空间高度：** 9m+
- **场馆类型：** 厂房改造
- **地面铺设：** 龙骨 + 地板 + 地胶
- **灯光设计：** 羽毛球标准灯光
- **医院距离：** < 2km
- **车位数量：** 2500

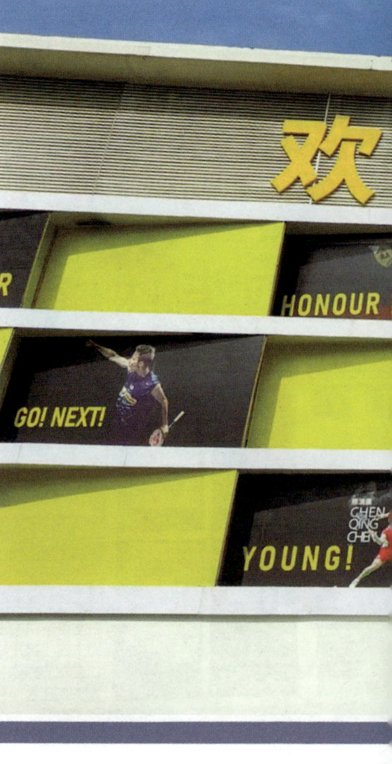

- **VENUE AREA:** 1000m^2
- **NUMBER OF BADMINTON COURTS:** 5
- **CEILING HEIGHT:** 9m+
- **VENUE TYPE:** factory renovation
- **FLOOR PAVING:** keel+floor+adhesive
- **LIGHTING DESIGN:** badminton standard lighting
- **HOSPITAL DISTANCE:** < 2km
- **NUMBER OF PARKING SPACES:** 2500

地面铺设	地面鋪設	FLOOR PAVING
★★★	★★★	★★★
标准灯光	標準燈光	STANDARD LIGHTING
是	是	Yes

淋浴

歡動羽毛球館

紅棉四路 23 號中聯展·新能源汽車城 12 棟 101

淋浴 SHOWER

空調 AIR CONDITIONER

看臺 STAND

AED

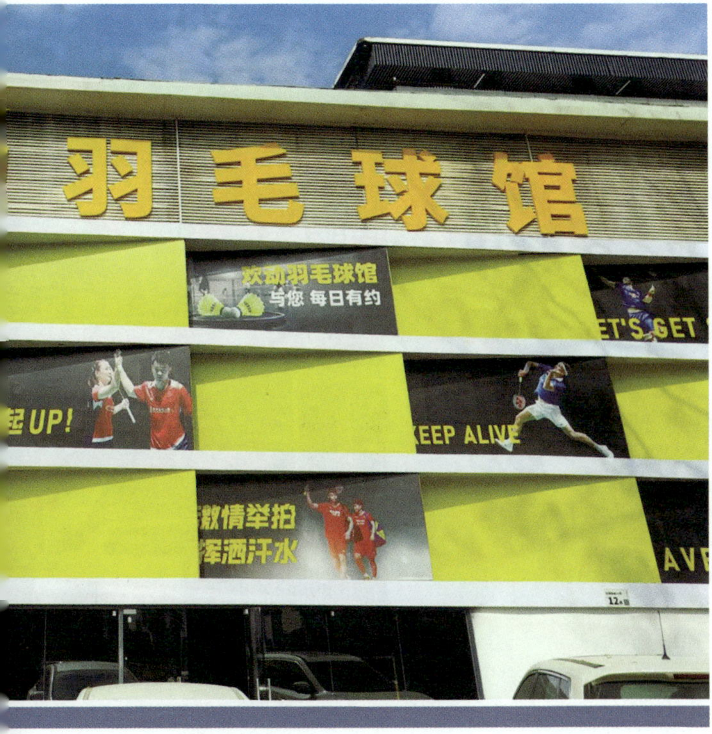

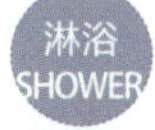

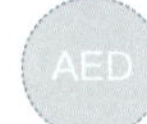

場館面積：$1000m^2$

場地數量：5

空間高度：9m+

場館類型：廠房改造

地面鋪設：龍骨 + 地板 + 地膠

燈光設計：羽毛球標準燈光

醫院距離：< 2km

車位數量：2500

鼎盛羽毛球馆

DINGSHENG BADMINTON HALL

仙人岭 182 号
No. 182, Xianrenling

场馆面积： 900m²
场地数量： 6
空间高度： 9m+
场馆类型： 厂房改造
地面铺设： 龙骨 + 地板 + 地胶
灯光设计： 羽毛球标准灯光
医院距离： < 2km
车位数量： 20

VENUE AREA:
900m²

NUMBER OF BADMINTON COURTS:
6

CEILING HEIGHT:
9m+

VENUE TYPE:
factory renovation

FLOOR PAVING:
keel+floor+adhesive

LIGHTING DESIGN:
badminton standard lighting

HOSPITAL DISTANCE:
< 2km

NUMBER OF PARKING SPACES:
20

地面铺设	地面鋪設	FLOOR PAVING
★★★	★★★	★★★
标准灯光	標準燈光	STANDARD LIGHTING
是	是	Yes

淋浴

看台

鼎盛羽毛球館

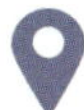

仙人嶺 182 號

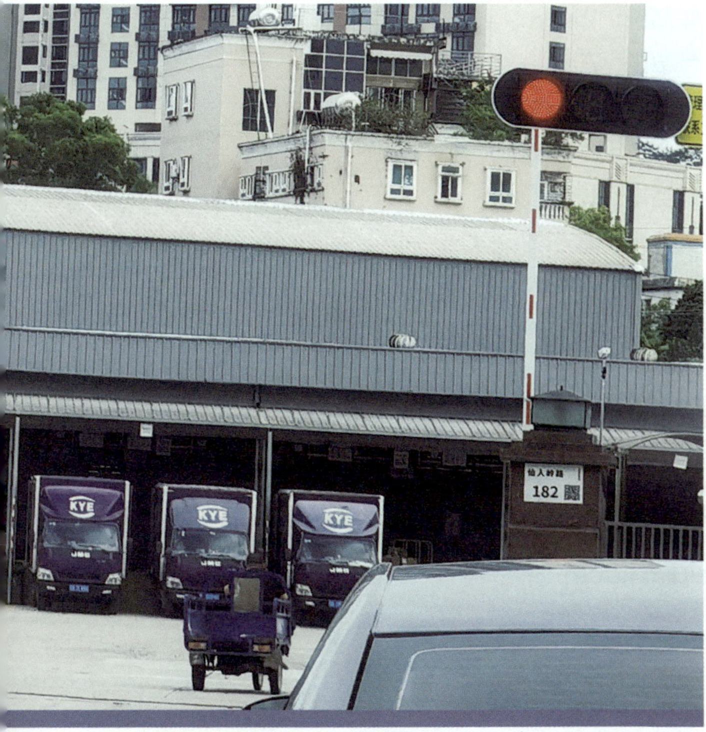

淋浴 SHOWER
空調 AIR CONDITIONER
看臺 STAND
AED

場館面積：900m²
場地數量：6
空間高度：9m+
場館類型：廠房改造

地面鋪設：龍骨 + 地板 + 地膠
燈光設計：羽毛球標準燈光
醫院距離：< 2km
車位數量：20

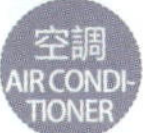

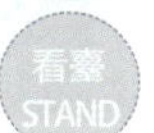

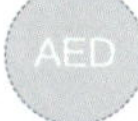

横岗羽毛球馆

HENGGANG BADMINTON HALL

力嘉路 116 号新马商贸城 2 栋 4 楼

4th Floor, Building 2, Xinma Commercial and Trade Market, No. 116, Lijia Road

场馆面积： $1500m^2$

场地数量： 7

空间高度： 8m

场馆类型： 楼房改造

地面铺设： 其他

灯光设计： 羽毛球标准灯光

医院距离： < 2km

车位数量： 120

VENUE AREA:
$1500m^2$

NUMBER OF BADMINTON COURTS:
7

CEILING HEIGHT:
8m

VENUE TYPE:
building renovation

FLOOR PAVING:
other

LIGHTING DESIGN:
badminton standard lighting

HOSPITAL DISTANCE:
< 2km

NUMBER OF PARKING SPACES:
120

地面铺设	地面鋪設	FLOOR PAVING
★	★	★
标准灯光	標準燈光	STANDARD LIGHTING
是	是	Yes

淋浴

空调

看台

AED

橫崗羽毛球館

力嘉路 116 號新馬商貿城 2 棟 4 樓

淋浴 SHOWER

空調 AIR CONDITIONER

看臺 STAND

AED

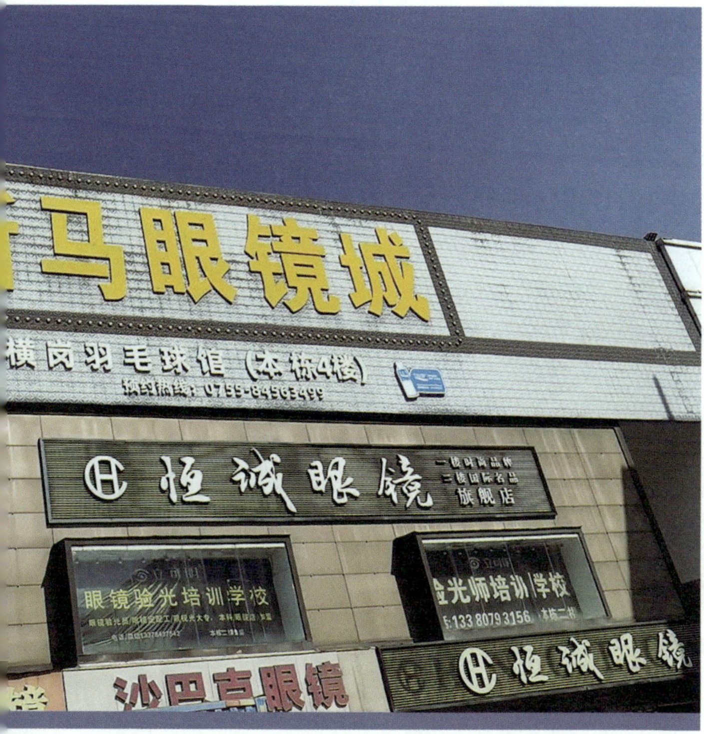

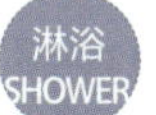

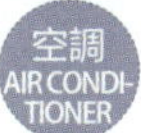

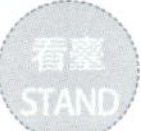

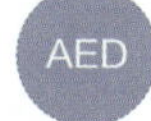

- 場館面積：1500m²
- 場地數量：7
- 空間高度：8m
- 場館類型：樓房改造
- 地面鋪設：其他
- 燈光設計：羽毛球標準燈光
- 醫院距離：< 2km
- 車位數量：120

骄阳 New Youth 羽毛球馆

JIAOYANG New Youth BADMINTON HALL

联和工业区一区 9 号 C 栋
Building C, No. 9, Zone 1, Lianhe Industrial Area

场馆面积： 1300m^2
场地数量： 9
空间高度： 9m+
场馆类型： 楼房改造
地面铺设： 龙骨 + 地板 + 地胶
灯光设计： 羽毛球标准灯光
医院距离： > 3km
车位数量： 60

VENUE AREA:
1300m^2

NUMBER OF BADMINTON COURTS:
9

CEILING HEIGHT:
9m+

VENUE TYPE:
building renovation

FLOOR PAVING:
keel+floor+adhesive

LIGHTING DESIGN:
badminton standard lighting

HOSPITAL DISTANCE:
> 3km

NUMBER OF PARKING SPACES:
60

地面铺设	地面鋪設	FLOOR PAVING
★★★	★★★	★★★
标准灯光	標準燈光	STANDARD LIGHTING
是	是	Yes

驕陽 New Youth 羽毛球館

聯和工業區一區 9 號 C 棟

淋浴 SHOWER

空調 AIR CONDITIONER

看臺 STAND

AED

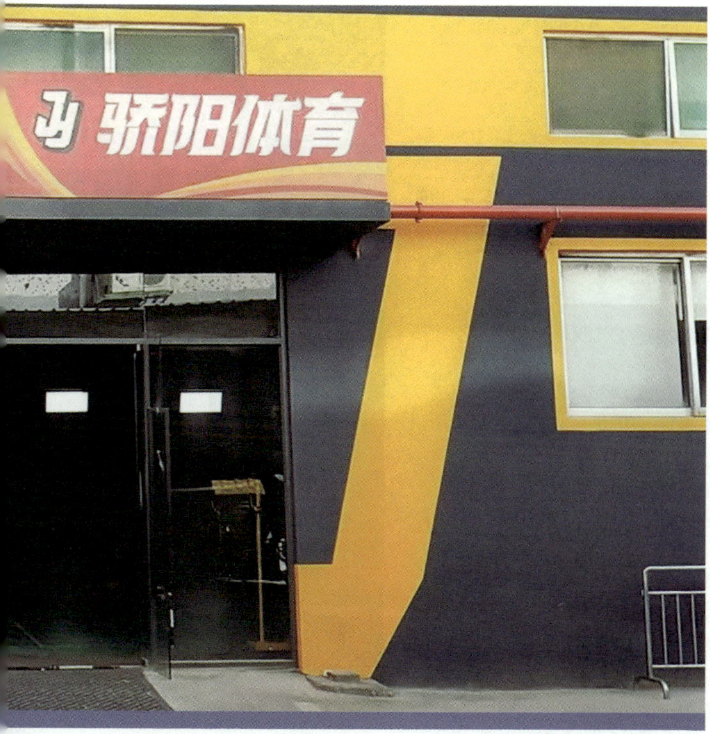

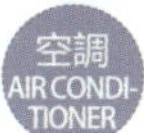

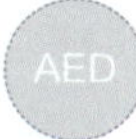

場館面積：1300m²

場地數量：9

空間高度：9m+

場館類型：樓房改造

地面鋪設：龍骨 + 地板 + 地膠

燈光設計：羽毛球標準燈光

醫院距離：> 3km

車位數量：60

正义羽毛球馆

ZHENGYI BADMINTON HALL

吉祥里豪庭铭德大厦又一町购物中心 3 楼

3rd Floor, Youyiting Shopping Mall, Mingde Building, Jixiangli Haoting

场馆面积： 1000m^2

场地数量： 4

空间高度： 9m+

场馆类型： 楼房改造

地面铺设： 龙骨 + 地板 + 地胶

灯光设计： 羽毛球标准灯光

医院距离： < 2km

车位数量： 100

VENUE AREA:
1000m^2

NUMBER OF BADMINTON COURTS:
4

CEILING HEIGHT:
9m+

VENUE TYPE:
building renovation

FLOOR PAVING:
keel+floor+adhesive

LIGHTING DESIGN:
badminton standard lighting

HOSPITAL DISTANCE:
< 2km

NUMBER OF PARKING SPACES:
100

地面铺设	地面鋪設	FLOOR PAVING
★★★	★★★	★★★
标准灯光	標準燈光	STANDARD LIGHTING
是	是	Yes

淋浴
空调
看台
AED

正義羽毛球館

吉祥里豪庭銘德大厦又一町購物中心 3 樓

淋浴 SHOWER

空調 AIR CONDITIONER

看臺 STAND

AED

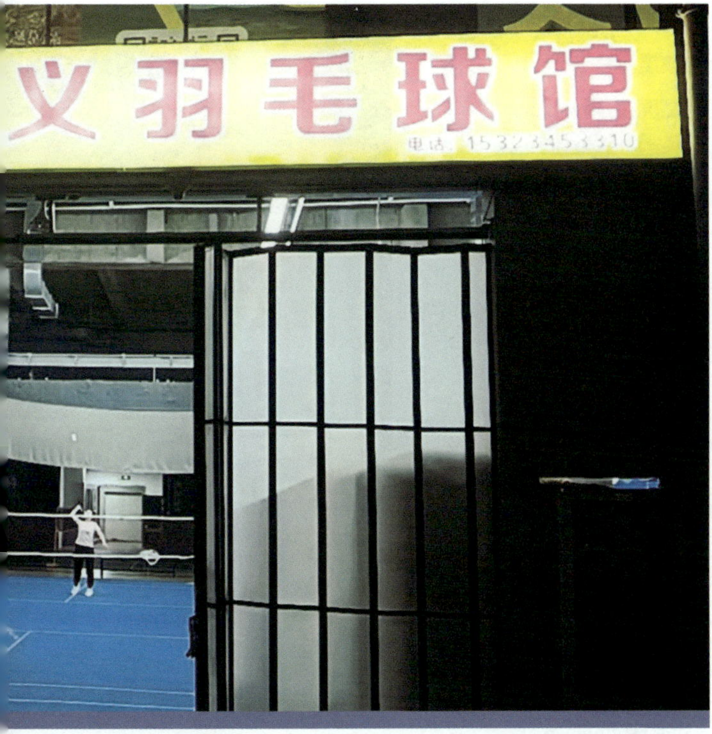

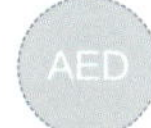

場館面積：1000m^2

場地數量：4

空間高度：9m+

場館類型：樓房改造

地面鋪設：龍骨 + 地板 + 地膠

燈光設計：羽毛球標準燈光

醫院距離：< 2km

車位數量：100

大上羽毛球馆

DASHANG BADMINTON HALL

凤凰大道 33 号坤宜福苑 11 号楼 3 楼

3rd Floor, Building 11, Kunyifuyuan, No. 33, Fenghuang Avenue

- **场馆面积：** 4000m^2
- **场地数量：** 9
- **空间高度：** 8m
- **场馆类型：** 电影院改造
- **地面铺设：** 龙骨 + 地板 + 地胶
- **灯光设计：** 羽毛球标准灯光
- **医院距离：** < 2km
- **车位数量：** 1000

VENUE AREA:
4000m^2

NUMBER OF BADMINTON COURTS:
9

CEILING HEIGHT:
8m

VENUE TYPE:
cinema renovation

FLOOR PAVING:
keel+floor+adhesive

LIGHTING DESIGN:
badminton standard lighting

HOSPITAL DISTANCE:
< 2km

NUMBER OF PARKING SPACES:
1000

地面铺设	地面鋪設	FLOOR PAVING
★★★	★★★	★★★
标准灯光	標準燈光	STANDARD LIGHTING
是	是	Yes

淋浴

空调

看台

AED

大上羽毛球館

鳳凰大道 33 號坤宜福苑 11 號樓 3 樓

淋浴 SHOWER
空調 AIR CONDITIONER
看臺 STAND
AED

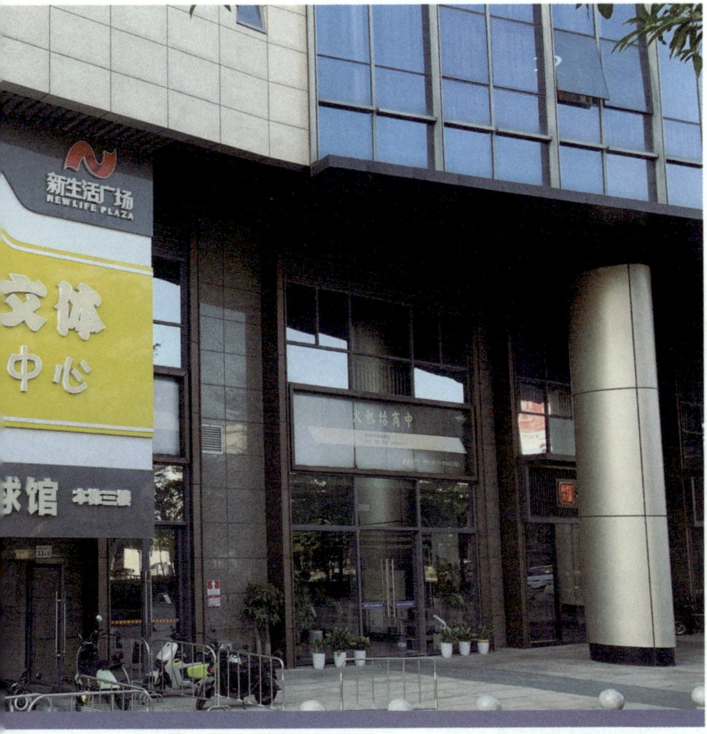

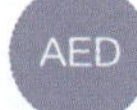

場館面積：4000m^2

場地數量：9

空間高度：8m

場館類型：電影院改造

地面鋪設：龍骨 + 地板 + 地膠

燈光設計：羽毛球標準燈光

醫院距離：< 2km

車位數量：1000

大生智能运动中心

DASHENG INTELLIGENT SPORTS CENTER

大运软件小镇 53 栋
Building 53, Dayun Software Town

- **场馆面积：** 3500m²
- **场地数量：** 18
- **空间高度：** 9m+
- **场馆类型：** 综合运动中心
- **地面铺设：** 龙骨 + 地板 + 地胶
- **灯光设计：** 头顶灯光
- **医院距离：** < 2km
- **车位数量：** 300+

- **VENUE AREA:** 3500m²
- **NUMBER OF BADMINTON COURTS:** 18
- **CEILING HEIGHT:** 9m+
- **VENUE TYPE:** comprehensive sports center
- **FLOOR PAVING:** keel+floor+adhesive
- **LIGHTING DESIGN:** overhead lighting
- **HOSPITAL DISTANCE:** < 2km
- **NUMBER OF PARKING SPACES:** 300+

地面铺设	地面鋪設	FLOOR PAVING
★★★	★★★	★★★
标准灯光	標準燈光	STANDARD LIGHTING
否	否	No

淋浴
空调
看台

大生智能運動中心

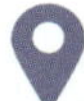

大運軟件小鎮 53 棟

淋浴 SHOWER

空調 AIR CONDITIONER

看臺 STAND

AED

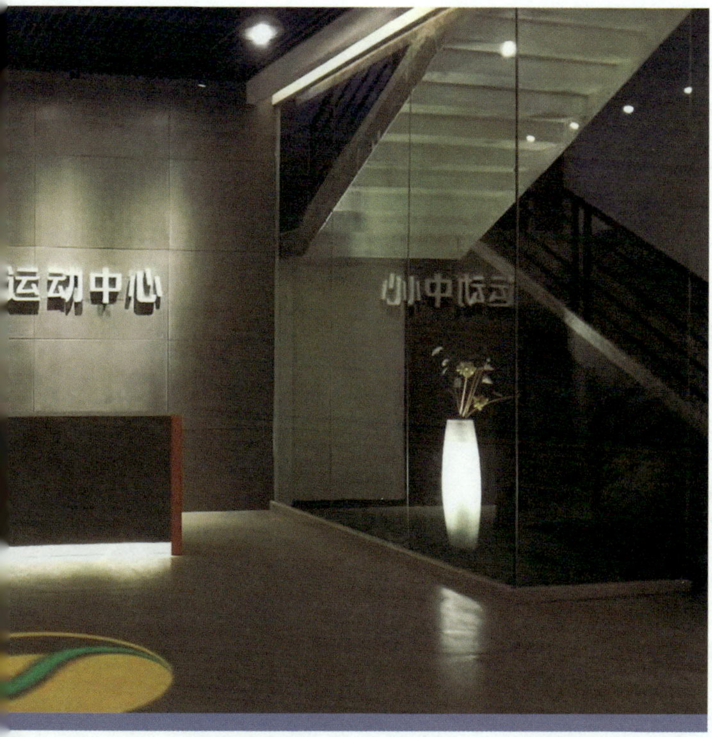

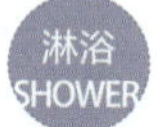

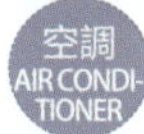

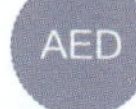

場館面積：3500m^2

場地數量：18

空間高度：9m+

場館類型：綜合運動中心

地面鋪設：龍骨 + 地板 + 地膠

燈光設計：頭頂燈光

醫院距離：< 2km

車位數量：300+

五园羽毛球馆

WUYUAN BADMINTON HALL

万科第五园四期南门
South Gate, Phase 4, Vanke 5th Garden

- **场馆面积：** 1800m^2
- **场地数量：** 10
- **空间高度：** 9m+
- **场馆类型：** 厂房改造
- **地面铺设：** 其他
- **灯光设计：** 羽毛球标准灯光
- **医院距离：** < 2km
- **车位数量：** 10

- **VENUE AREA:** 1800m^2
- **NUMBER OF BADMINTON COURTS:** 10
- **CEILING HEIGHT:** 9m+
- **VENUE TYPE:** factory renovation
- **FLOOR PAVING:** other
- **LIGHTING DESIGN:** badminton standard lighting
- **HOSPITAL DISTANCE:** < 2km
- **NUMBER OF PARKING SPACES:** 10

地面铺设	地面鋪設	FLOOR PAVING
★	★	★
标准灯光	標準燈光	STANDARD LIGHTING
是	是	Yes

淋浴
空调
看台
AED

五園羽毛球館

萬科第五園四期南門

淋浴 SHOWER

空調 AIR CONDI-TIONER

看臺 STAND

AED

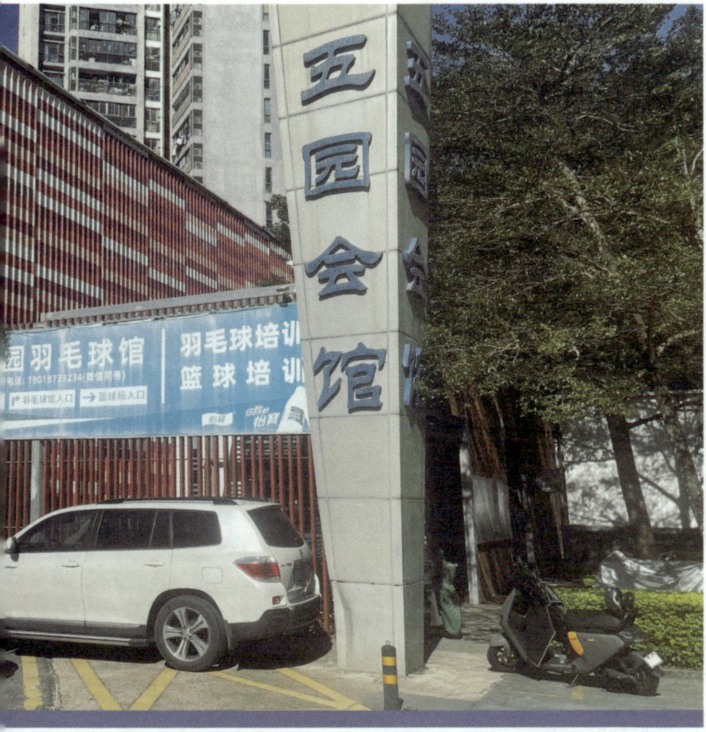

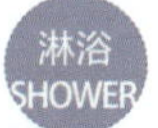

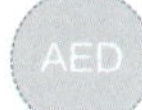

場館面積：1800m^2

場地數量：10

空間高度：9m+

場館類型：廠房改造

地面鋪設：其他

燈光設計：羽毛球標準燈光

醫院距離：< 2km

車位數量：10

三联羽毛球馆

SANLIAN BADMINTON HALL

布李路 289 号家禽批发市场 5 栋 101
101, Building 5, Poultry Wholesale Market, No. 289, Buli Road

- **场馆面积：** 1700m^2
- **场地数量：** 12
- **空间高度：** 8m
- **场馆类型：** 铁皮房
- **地面铺设：** 龙骨 + 地板 + 地胶
- **灯光设计：** 羽毛球标准灯光
- **医院距离：** < 2km
- **车位数量：** 30

- **VENUE AREA:** 1700m^2
- **NUMBER OF BADMINTON COURTS:** 12
- **CEILING HEIGHT:** 8m
- **VENUE TYPE:** iron house
- **FLOOR PAVING:** keel+floor+adhesive
- **LIGHTING DESIGN:** badminton standard lighting
- **HOSPITAL DISTANCE:** < 2km
- **NUMBER OF PARKING SPACES:** 30

地面铺设	地面鋪設	FLOOR PAVING
★★★	★★★	★★★
标准灯光	標準燈光	STANDARD LIGHTING
是	是	Yes

看台

三聯羽毛球館

布李路 289 號家禽批發市場 5 棟 101

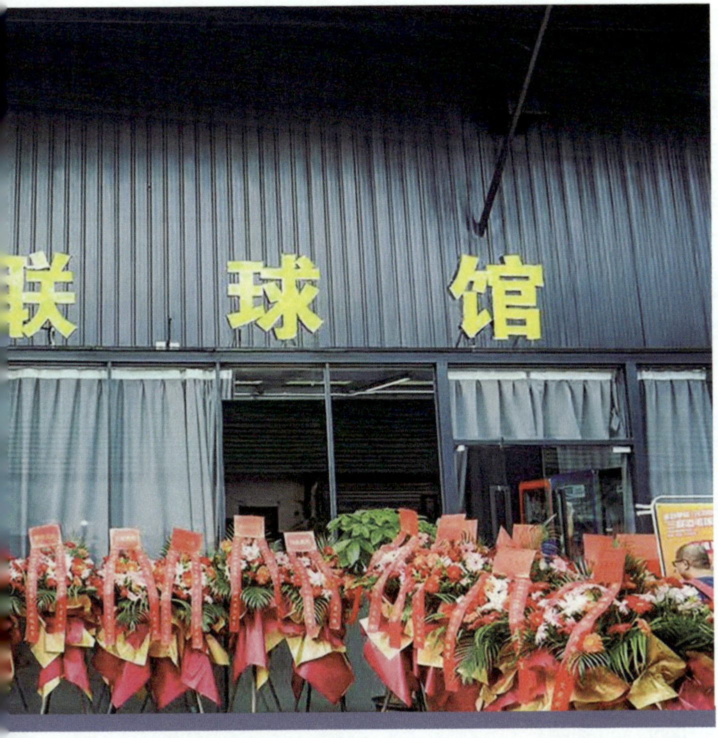

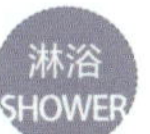

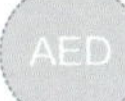

淋浴 SHOWER
空調 AIR CONDITIONER
看臺 STAND
AED

場館面積：1700m²
場地數量：12
空間高度：8m
場館類型：鐵皮房
地面鋪設：龍骨 + 地板 + 地膠
燈光設計：羽毛球標準燈光
醫院距離：< 2km
車位數量：30

西坑羽毛球馆

XIKENG BADMINTON HALL

宝桐北路 141 号

No. 141, Baotong North Road

- 场馆面积：1500m^2
- 场地数量：8
- 空间高度：9m+
- 场馆类型：会场改造
- 地面铺设：龙骨 + 地板 + 地胶
- 灯光设计：羽毛球标准灯光
- 医院距离：> 3km
- 车位数量：50

- **VENUE AREA:** 1500m^2
- **NUMBER OF BADMINTON COURTS:** 8
- **CEILING HEIGHT:** 9m+
- **VENUE TYPE:** venue renovation
- **FLOOR PAVING:** keel+floor+adhesive
- **LIGHTING DESIGN:** badminton standard lighting
- **HOSPITAL DISTANCE:** > 3km
- **NUMBER OF PARKING SPACES:** 50

地面铺设	地面鋪設	FLOOR PAVING
★★★	★★★	★★★
标准灯光	標準燈光	STANDARD LIGHTING
是	是	Yes

淋浴

空调

看台

AED

西坑羽毛球館

寶桐北路 141 號

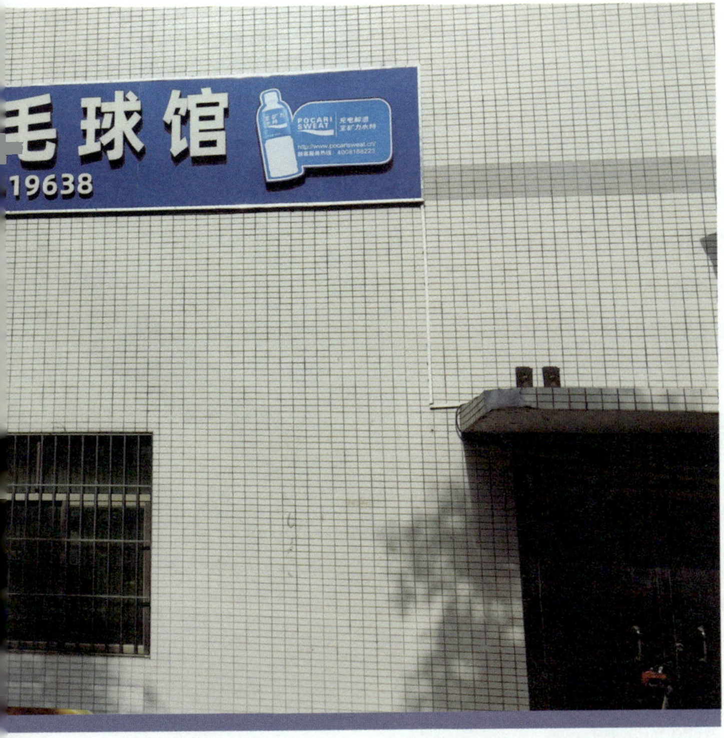

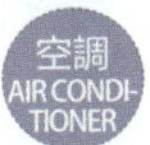

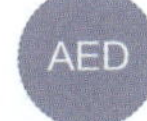

淋浴 SHOWER
空調 AIR CONDITIONER
看臺 STAND
AED

場館面積： 1500m²
場地數量： 8
空間高度： 9m+
場館類型： 會場改造
地面鋪設： 龍骨 + 地板 + 地膠
燈光設計： 羽毛球標準燈光
醫院距離： > 3km
車位數量： 50

幻鹰羽毛球馆

HUANYING BADMINTON HALL

内环北路江南工业园综合楼 3 楼

3rd Floor, Jiangnan Industrial Complex, North Inner Ring Road

- **场馆面积：** 1000m^2
- **场地数量：** 7
- **空间高度：** 9m+
- **场馆类型：** 工业园体育活动区
- **地面铺设：** 龙骨 + 地板 + 地胶
- **灯光设计：** 羽毛球标准灯光
- **医院距离：** < 2km
- **车位数量：** 50

- **VENUE AREA:** 1000m^2
- **NUMBER OF BADMINTON COURTS:** 7
- **CEILING HEIGHT:** 9m+
- **VENUE TYPE:** industrial park sports activity area
- **FLOOR PAVING:** keel+floor+adhesive
- **LIGHTING DESIGN:** badminton standard lighting
- **HOSPITAL DISTANCE:** < 2km
- **NUMBER OF PARKING SPACES:** 50

地面铺设	地面鋪設	FLOOR PAVING
★★★	★★★	★★★
标准灯光	標準燈光	STANDARD LIGHTING
是	是	Yes

幻鷹羽毛球館

内環北路江南工業園綜合樓 3 樓

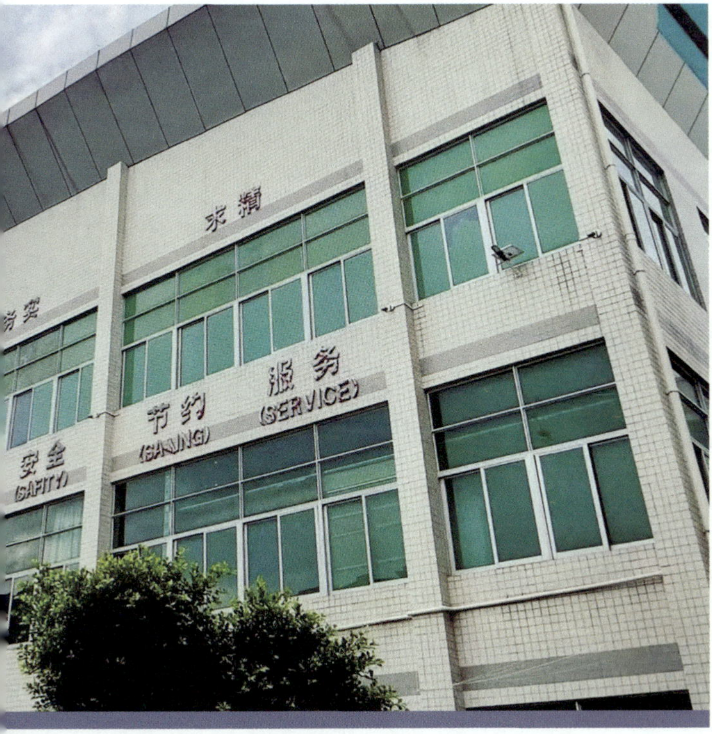

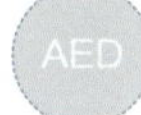

淋浴 SHOWER
空調 AIR CONDITIONER
看臺 STAND
AED

場館面積： 1000m²

場地數量： 7

空間高度： 9m+

場館類型： 工業園體育活動區

地面鋪設： 龍骨 + 地板 + 地膠

燈光設計： 羽毛球標準燈光

醫院距離： < 2km

車位數量： 50

鑫峰羽毛球馆

XINFENG BADMINTON HALL

振业城一期

Phase 1, Zhenye City

场馆面积： 1000m^2

场地数量： 7

空间高度： 7m

场馆类型： 地下室

地面铺设： 其他

灯光设计： 羽毛球标准灯光

医院距离： > 3km

车位数量： 200

VENUE AREA:
1000m^2

NUMBER OF BADMINTON COURTS:
7

CEILING HEIGHT:
7m

VENUE TYPE:
basement

FLOOR PAVING:
other

LIGHTING DESIGN:
badminton standard lighting

HOSPITAL DISTANCE:
> 3km

NUMBER OF PARKING SPACES:
200

地面铺设	地面鋪設	FLOOR PAVING
★	★	★
标准灯光	標準燈光	STANDARD LIGHTING
是	是	Yes

鑫峰羽毛球館

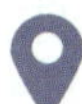

振業城一期

淋浴 SHOWER
空調 AIR CONDITIONER
看臺 STAND
AED

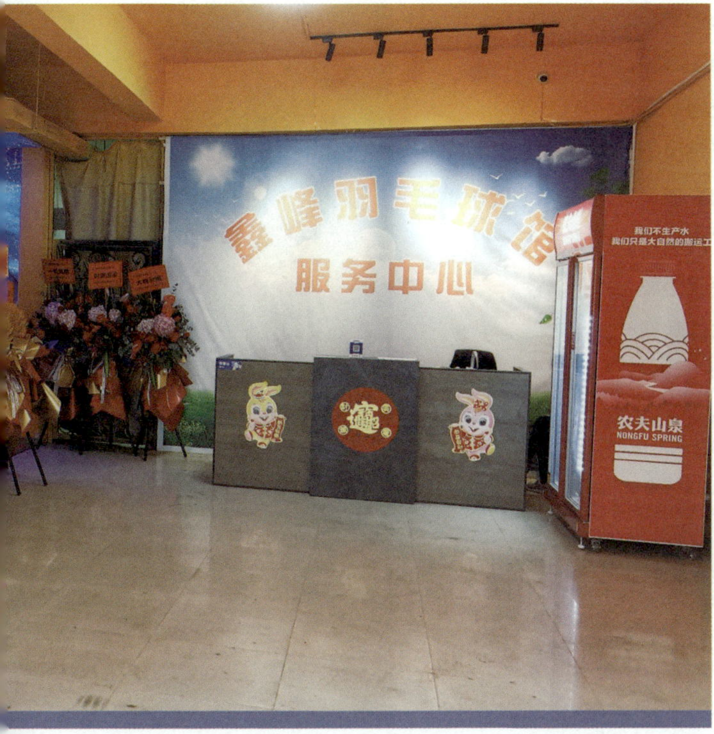

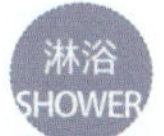

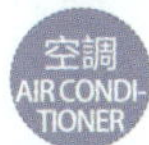

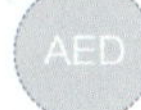

場館面積：$1000m^2$
場地數量：7
空間高度：7m
場館類型：地下室
地面鋪設：其他
燈光設計：羽毛球標準燈光
醫院距離：> 3km
車位數量：200

可园羽毛球馆

KEYUAN BADMINTON HALL

湖西路佳兆业可园一期 2 栋
Building 2, Phase 1, Kaisa Keyuan, Huxi Road

场馆面积： 800m^2
场地数量： 6
空间高度： 9m+
场馆类型： 会所球馆
地面铺设： 龙骨 + 地板 + 地胶
灯光设计： 羽毛球标准灯光
医院距离： < 2km
车位数量： 300

VENUE AREA:
800m^2

NUMBER OF BADMINTON COURTS:
6

CEILING HEIGHT:
9m+

VENUE TYPE:
clubhouse hall

FLOOR PAVING:
keel+floor+adhesive

LIGHTING DESIGN:
badminton standard lighting

HOSPITAL DISTANCE:
< 2km

NUMBER OF PARKING SPACES:
300

地面铺设	地面鋪設	FLOOR PAVING
★★★	★★★	★★★
标准灯光	標準燈光	STANDARD LIGHTING
是	是	Yes

淋浴
空调
看台
AED

可園羽毛球館

湖西路佳兆業可園一期 2 棟

淋浴 SHOWER

空調 AIR CONDITIONER

看臺 STAND

AED

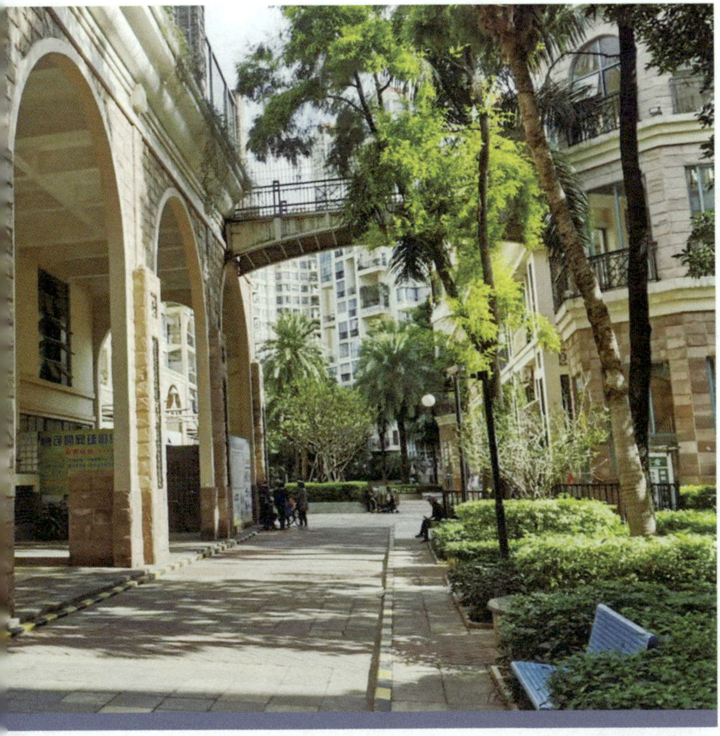

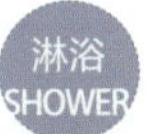

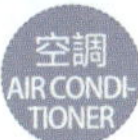

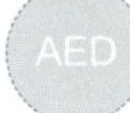

場館面積： 800m^2

場地數量： 6

空間高度： 9m+

場館類型： 會所球館

地面鋪設： 龙骨 + 地板 + 地胶

燈光設計： 羽毛球標準燈光

醫院距離： < 2km

車位數量： 300

桂芳园羽毛球馆

GUIFANGYUAN BADMINTON HALL

中翠路（东大街）肯德基 5 楼
5th Floor, KFC, Zhongcui Road(East Street)

- **场馆面积：** 800m^2
- **场地数量：** 6
- **空间高度：** 8m
- **场馆类型：** 会所球馆
- **地面铺设：** 地板 + 地胶
- **灯光设计：** 头顶灯光
- **医院距离：** < 2km
- **车位数量：** 100

- **VENUE AREA:** 800m^2
- **NUMBER OF BADMINTON COURTS:** 6
- **CEILING HEIGHT:** 8m
- **VENUE TYPE:** clubhouse hall
- **FLOOR PAVING:** floor+adhesive
- **LIGHTING DESIGN:** overhead lighting
- **HOSPITAL DISTANCE:** < 2km
- **NUMBER OF PARKING SPACES:** 100

地面铺设	地面鋪設	FLOOR PAVING
★★	★★	★★
标准灯光	標準燈光	STANDARD LIGHTING
否	否	No

淋浴
空调
看台
AED

桂芳園羽毛球館

中翠路（東大街）肯德基 5 樓

淋浴 SHOWER

空調 AIR CONDI-TIONER

看臺 STAND

AED

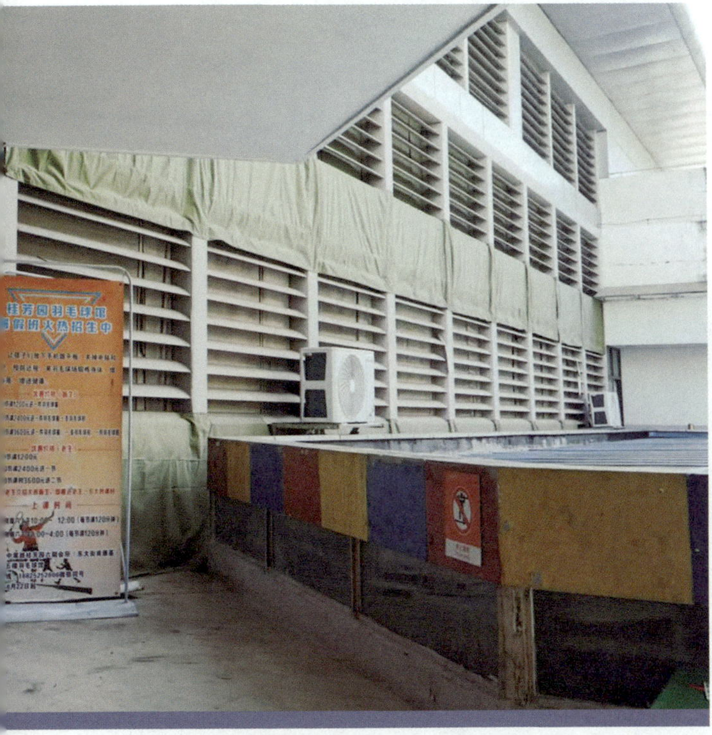

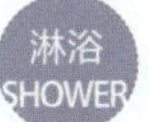

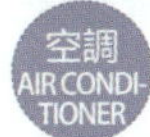

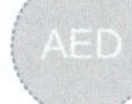

場館面積：$800m^2$

場地數量：6

空間高度：8m

場館類型：會所球館

地面鋪設：地板 + 地膠

燈光設計：頭頂燈光

醫院距離：< 2km

車位數量：100

1. 拾佳羽毛球馆 / 拾佳羽毛球館
TOP 10 INDOOR BADMINTON COURT
2. 龙兴羽毛球馆 / 龍興羽毛球館
LONGXING BADMINTON HALL
3. 地铁民乐运动馆 / 地鐵民樂運動館
SUBWAY MINLE STATION GYMNASIUM
4. 恒泰羽毛球馆 / 恒泰羽毛球館
HENGTAI BADMINTON HALL
5. 超牌鹏大羽毛球馆 / 超牌鵬大羽毛球館
CHAOPAI PENGDA BADMINTON HALL
6. 华雅羽毛球馆 / 華雅羽毛球館
HUAYA BADMINTON HALL
7. 幻鹰运动馆（观澜店）/ 幻鷹運動館（觀瀾店）
HUANYING SPORTS HALL（GUANLAN STORE)

龙华／龍華
LONGHUA

4
7
1
2
5
6
3

拾佳羽毛球馆

TOP 10 INDOOR BADMINTON COURT

观盛五路 1 号日海智能拾佳体育园
Shijia Sports Park, Sunsea AIoT, No. 1, Guansheng 5th Road

- **场馆面积：** 2000m^2
- **场地数量：** 22
- **空间高度：** 9m+
- **场馆类型：** 厂房改造
- **地面铺设：** 龙骨 + 地板 + 地胶
- **灯光设计：** 羽毛球标准灯光
- **医院距离：** < 2km
- **车位数量：** 50

- **VENUE AREA:** 2000m^2
- **NUMBER OF BADMINTON COURTS:** 22
- **CEILING HEIGHT:** 9m+
- **VENUE TYPE:** factory renovation
- **FLOOR PAVING:** keel+floor+adhesive
- **LIGHTING DESIGN:** badminton standard lighting
- **HOSPITAL DISTANCE:** < 2km
- **NUMBER OF PARKING SPACES:** 50

地面铺设	地面鋪設	FLOOR PAVING
★★★	★★★	★★★
标准灯光	標準燈光	STANDARD LIGHTING
是	是	Yes

看台

拾佳羽毛球館

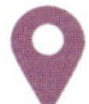

觀盛五路 1 號日海智能拾佳體育園

淋浴 SHOWER
空調 AIR CONDITIONER
看臺 STAND
AED

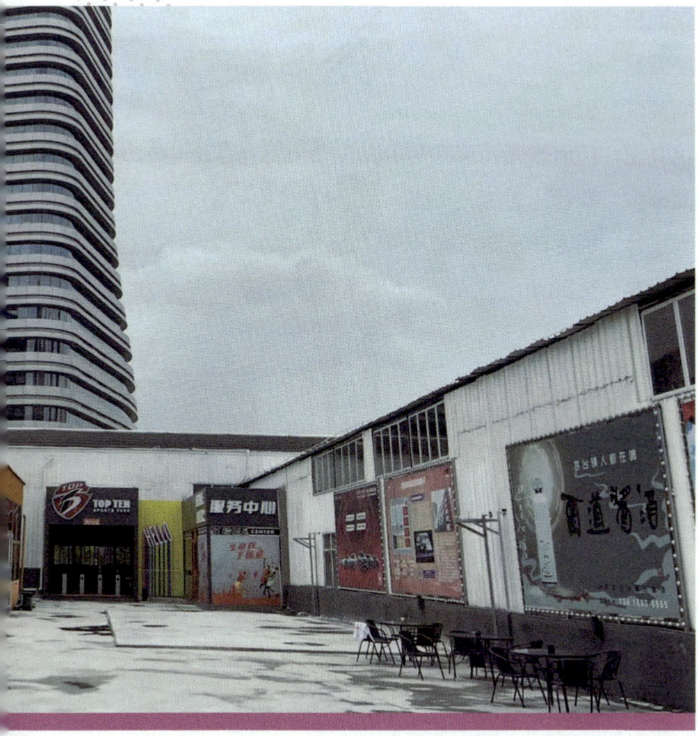

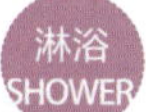

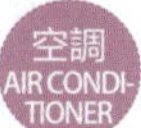

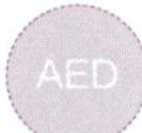

場館面積： 2000m^2
場地數量： 22
空間高度： 9m+
場館類型： 廠房改造

地面鋪設： 龍骨 + 地板 + 地膠
燈光設計： 羽毛球標準燈光
醫院距離： < 2km
車位數量： 50

龙兴羽毛球馆

LONGXING BADMINTON HALL

和平路 31 号
No. 31, Heping Road

- **场馆面积：** 5000m^2
- **场地数量：** 26
- **空间高度：** 8m
- **场馆类型：** 厂房改造
- **地面铺设：** 龙骨 + 地板 + 地胶
- **灯光设计：** 羽毛球标准灯光
- **医院距离：** < 2km
- **车位数量：** 40

- **VENUE AREA:** 5000m^2
- **NUMBER OF BADMINTON COURTS:** 26
- **CEILING HEIGHT:** 8m
- **VENUE TYPE:** factory renovation
- **FLOOR PAVING:** keel+floor+adhesive
- **LIGHTING DESIGN:** badminton standard lighting
- **HOSPITAL DISTANCE:** < 2km
- **NUMBER OF PARKING SPACES:** 40

地面铺设	地面鋪設	FLOOR PAVING
★★★	★★★	★★★
标准灯光	標準燈光	STANDARD LIGHTING
是	是	Yes

淋浴
空调
看台
AED

龍興羽毛球館

和平路 31 號

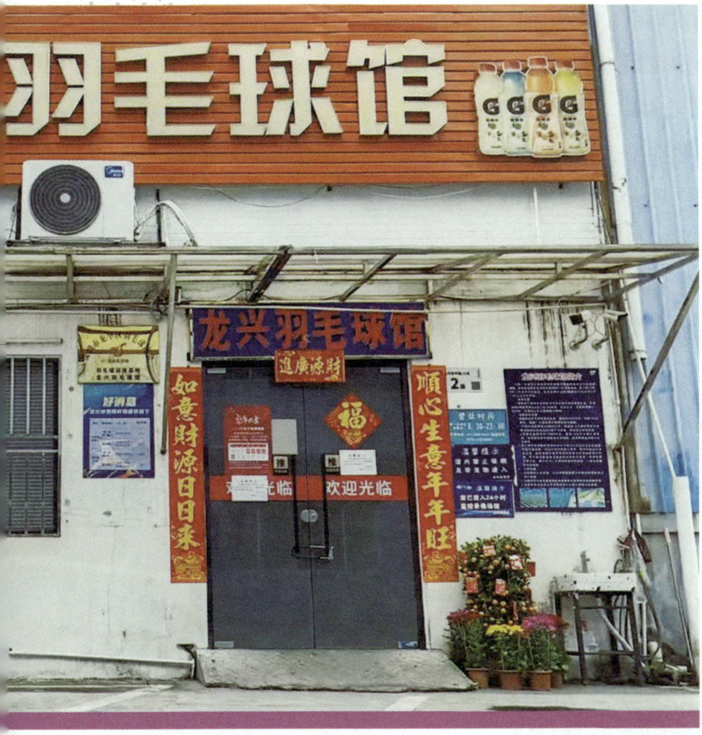

龙华

場館面積：5000m^2

場地數量：26

空間高度：8m

場館類型：廠房改造

地面鋪設：龍骨 + 地板 + 地膠

燈光設計：羽毛球標準燈光

醫院距離：< 2km

車位數量：40

地铁民乐运动馆

SUBWAY MINLE STATION GYMNASIUM

新区大道 2 号
No. 2, New District Avenue

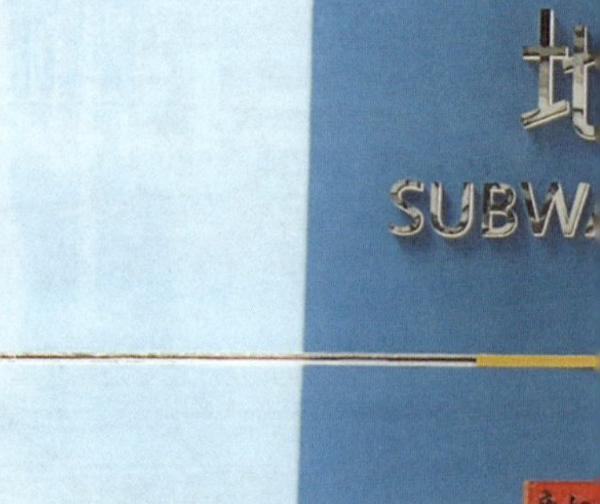

- **场馆面积：** $1200m^2$
- **场地数量：** 8
- **空间高度：** 9m+
- **场馆类型：** 楼房改造
- **地面铺设：** 龙骨 + 地板 + 地胶
- **灯光设计：** 羽毛球标准灯光
- **医院距离：** > 3km
- **车位数量：** 5

- **VENUE AREA:** $1200m^2$
- **NUMBER OF BADMINTON COURTS:** 8
- **CEILING HEIGHT:** 9m+
- **VENUE TYPE:** building renovation
- **FLOOR PAVING:** keel+floor+adhesive
- **LIGHTING DESIGN:** badminton standard lighting
- **HOSPITAL DISTANCE:** > 3km
- **NUMBER OF PARKING SPACES:** 5

地面铺设	地面鋪設	FLOOR PAVING
★★★	★★★	★★★
标准灯光	標準燈光	STANDARD LIGHTING
是	是	Yes

淋浴

空调

看台

AED

地鐵民樂運動館

新區大道 2 號

場館面積： $1200m^2$

場地數量： 8

空間高度： 9m+

場館類型： 樓房改造

地面鋪設： 龍骨 + 地板 + 地膠

燈光設計： 羽毛球標準燈光

醫院距離： > 3km

車位數量： 5

恒泰羽毛球馆

HENGTAI BADMINTON HALL

泗黎路 406 号
No.406, Sili Road

- **场馆面积：** 1600m^2
- **场地数量：** 10
- **空间高度：** 9m+
- **场馆类型：** 厂房改造
- **地面铺设：** 龙骨 + 地板 + 地胶
- **灯光设计：** 羽毛球标准灯光
- **医院距离：** > 3km
- **车位数量：** 40

- **VENUE AREA:** 1600m^2
- **NUMBER OF BADMINTON COURTS:** 10
- **CEILING HEIGHT:** 9m+
- **VENUE TYPE:** factory renovation
- **FLOOR PAVING:** keel+floor+adhesive
- **LIGHTING DESIGN:** badminton standard lighting
- **HOSPITAL DISTANCE:** > 3km
- **NUMBER OF PARKING SPACES:** 40

地面铺设	地面鋪設	FLOOR PAVING
★★★	★★★	★★★
标准灯光	標準燈光	STANDARD LIGHTING
是	是	Yes

看台

恒泰羽毛球館

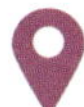

泗黎路 406 號

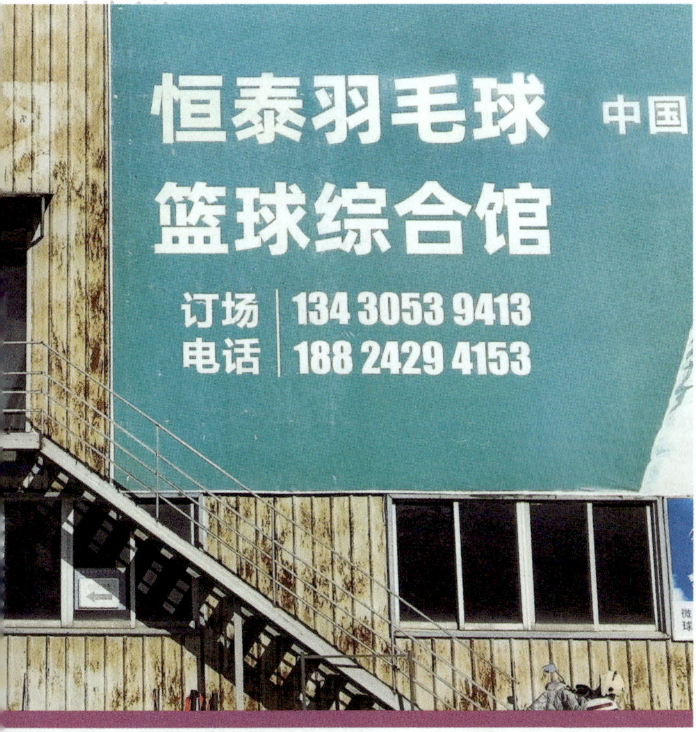

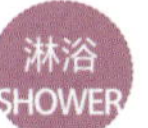

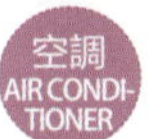

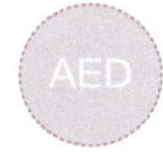

淋浴 SHOWER
空調 AIR CONDITIONER
看臺 STAND
AED

場館面積： 1600m²

場地數量： 10

空間高度： 9m+

場館類型： 廠房改造

地面鋪設： 龍骨 + 地板 + 地膠

燈光設計： 羽毛球標準燈光

醫院距離： > 3km

車位數量： 40

超牌鹏大羽毛球馆

CHAOPAI PENGDA BADMINTON HALL

龙屋工业园 1 栋
Building 1, Longwu Industrial Park

场馆面积： 1000m²
场地数量： 13
空间高度： 8m
场馆类型： 厂房改造
地面铺设： 龙骨 + 地板
灯光设计： 羽毛球标准灯光
医院距离： > 3km
车位数量： 40

VENUE AREA:
1000m²

NUMBER OF BADMINTON COURTS:
13

CEILING HEIGHT:
8m

VENUE TYPE:
factory renovation

FLOOR PAVING:
keel+floor

LIGHTING DESIGN:
badminton standard lighting

HOSPITAL DISTANCE:
> 3km

NUMBER OF PARKING SPACES:
40

地面铺设	地面鋪設	FLOOR PAVING
★★	★★	★★
标准灯光	標準燈光	STANDARD LIGHTING
是	是	Yes

淋浴
空调
看台
AED

超牌鵬大羽毛球館

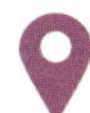

龍屋工業園 1 棟

淋浴 SHOWER

空調 AIR CONDITIONER

看臺 STAND

AED

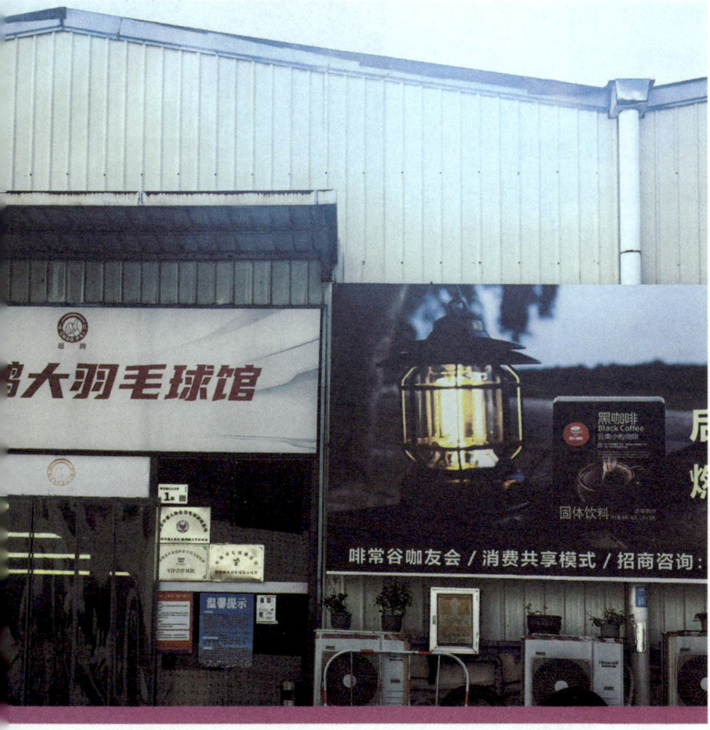

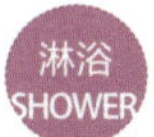

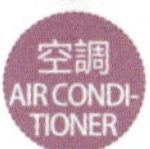

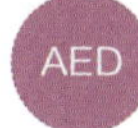

場館面積：$1000m^2$

場地數量：13

空間高度：8m

場館類型：廠房改造

地面鋪設：龍骨 + 地板

燈光設計：羽毛球標準燈光

醫院距離：> 3km

車位數量：40

华雅羽毛球馆

HUAYA BADMINTON HALL

吉华路华雅科技园
Huaya Science and Technology Park, Jihua Road

场馆面积： 3000m²

场地数量： 22

空间高度： 8m

场馆类型： 楼房改造

地面铺设： 龙骨 + 地板 + 地胶

灯光设计： 羽毛球标准灯光

医院距离： > 3km

车位数量： 600

VENUE AREA:
3000m²

NUMBER OF BADMINTON COURTS:
22

CEILING HEIGHT:
8m

VENUE TYPE:
building renovation

FLOOR PAVING:
keel+floor+adhesive

LIGHTING DESIGN:
badminton standard lighting

HOSPITAL DISTANCE:
> 3km

NUMBER OF PARKING SPACES:
600

地面铺设	地面鋪設	FLOOR PAVING
★★★	★★★	★★★
标准灯光	標準燈光	STANDARD LIGHTING
是	是	Yes

華雅羽毛球館

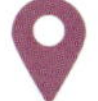

吉華路華雅科技園

淋浴 SHOWER

空調 AIR CONDITIONER

看臺 STAND

AED

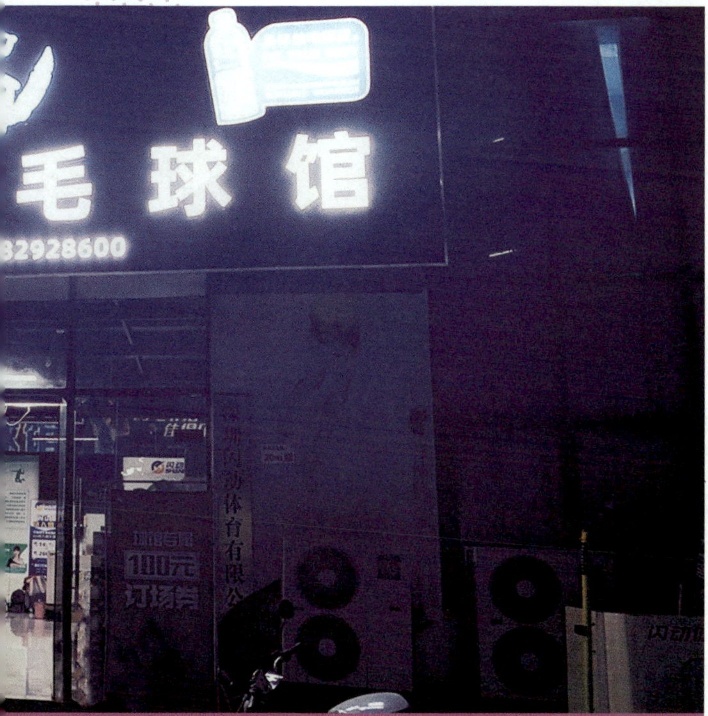

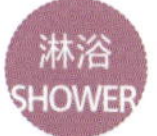

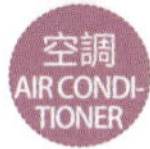

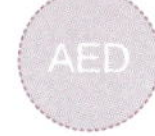

- 場館面積：$3000m^2$
- 場地數量：22
- 空間高度：8m
- 場館類型：樓房改造
- 地面鋪設：龍骨 + 地板 + 地膠
- 燈光設計：羽毛球標準燈光
- 醫院距離：> 3km
- 車位數量：600

幻鹰运动馆（观澜店）

HUANYING SPORTS HALL（GUANLAN STORE)

观澜大道 419 号兴万达广场 5 层
5th Floor, Xingvanda Plaza, No. 419, Guanlan Avenue

场馆面积： $950m^2$

场地数量： 8

空间高度： 8m

场馆类型： 楼房改造

地面铺设： 其他

灯光设计： 羽毛球标准灯光

医院距离： > 3km

车位数量： 50

VENUE AREA: $950m^2$

NUMBER OF BADMINTON COURTS: 8

CEILING HEIGHT: 8m

VENUE TYPE: building renovation

FLOOR PAVING: other

LIGHTING DESIGN: badminton standard lighting

HOSPITAL DISTANCE: > 3km

NUMBER OF PARKING SPACES: 50

地面铺设	地面鋪設	FLOOR PAVING
★	★	★
标准灯光	標準燈光	STANDARD LIGHTING
是	是	Yes

淋浴

空调

看台

AED

幻鷹運動館（觀瀾店）

觀瀾大道 419 號興萬達廣場 5 層

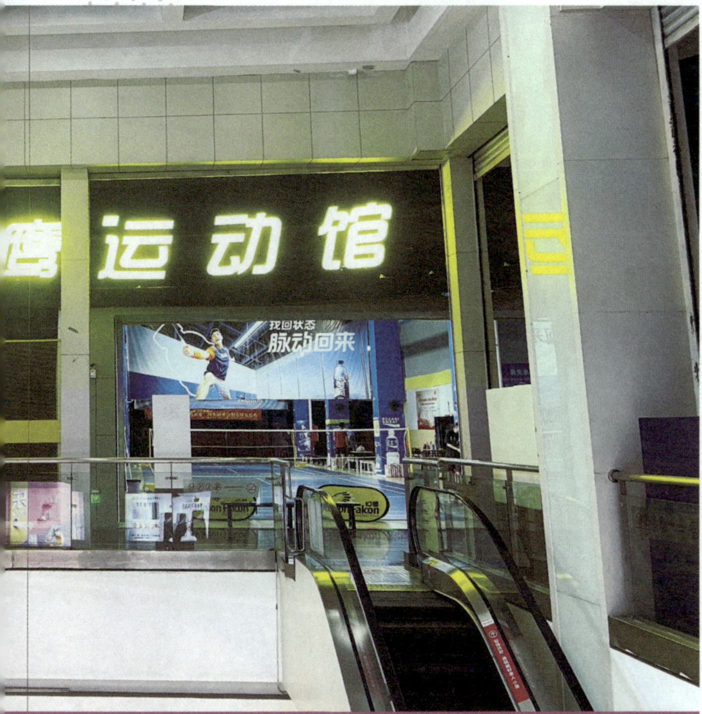

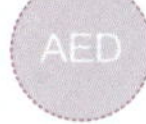

淋浴 SHOWER
空調 AIR CONDITIONER
看臺 STAND
AED

場館面積：950m²

場地數量：8

空間高度：8m

場館類型：樓房改造

地面鋪設：其他

燈光設計：羽毛球標準燈光

醫院距離：> 3km

車位數量：50

1. 翼成·壹志羽毛球馆 / 翼成·壹志羽毛球館
YICHENG YIZHI BADMINTON HALL
2. 锦龙天朋羽毛球馆 / 錦龍天朋羽毛球館
JINLONG TIANPENG BADMINTON HALL

PINGSHAN

坪山/坪山

翼成·壹志羽毛球馆

YICHENG YIZHI BADMINTON HALL

宝山第二工业区 90 栋宝山科创园
Baoshan Science and Innovation Park, Building 90, Baoshan 2nd Industrial Zone

场馆面积： 2600m^2

场地数量： 12

空间高度： 9m+

场馆类型： 厂房改造

地面铺设： 龙骨 + 地板 + 地胶

灯光设计： 羽毛球标准灯光

医院距离： < 2km

车位数量： 150

VENUE AREA:
2600m^2

NUMBER OF BADMINTON COURTS:
12

CEILING HEIGHT:
9m+

VENUE TYPE:
factory renovation

FLOOR PAVING:
keel+floor+adhesive

LIGHTING DESIGN:
badminton standard lighting

HOSPITAL DISTANCE:
< 2km

NUMBER OF PARKING SPACES:
150

地面铺设	地面鋪設	FLOOR PAVING
★★★	★★★	★★★
标准灯光	標準燈光	STANDARD LIGHTING
是	是	Yes

淋浴

看台

翼成 · 壹志羽毛球館

寶山第二工業區 90 棟寶山科創園

淋浴 SHOWER

空調 AIR CONDITIONER

看臺 STAND

AED

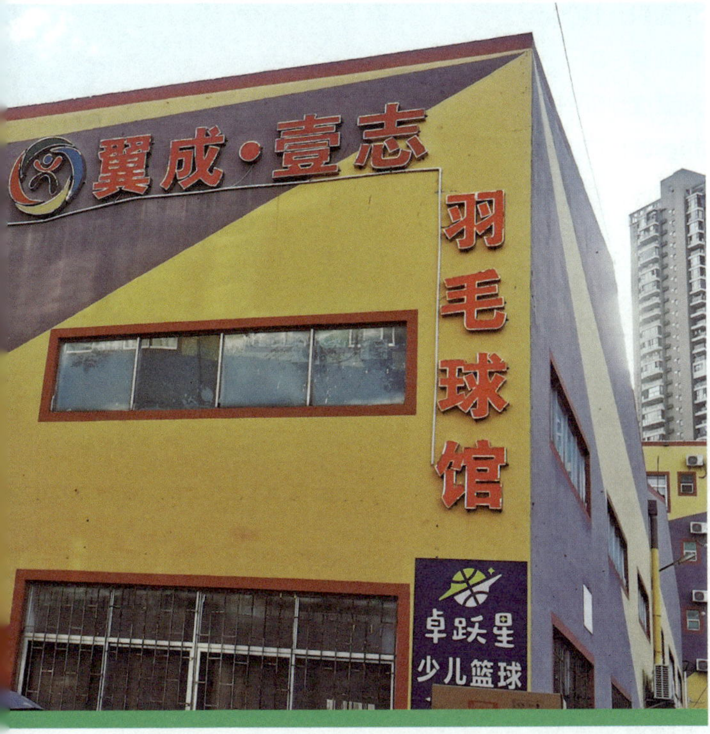

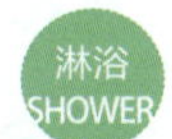

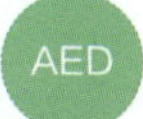

場館面積：$2600m^2$

場地數量：12

空間高度：9m+

場館類型：廠房改造

地面鋪設：龍骨 + 地板 + 地膠

燈光設計：羽毛球標準燈光

醫院距離：< 2km

車位數量：150

锦龙天朋羽毛球馆

JINLONG TIANPENG BADMINTON HALL

锦龙大道 1 号新嘉工业园内
Inside Xinjia Industrial Park, No.1, Jinlong Avenue

- **场馆面积：** 1100m²
- **场地数量：** 9
- **空间高度：** 9m+
- **场馆类型：** 厂房改造
- **地面铺设：** 龙骨 + 地板 + 地胶
- **灯光设计：** 羽毛球标准灯光
- **医院距离：** ＞ 3km
- **车位数量：** 30

- **VENUE AREA:** 1100m²
- **NUMBER OF BADMINTON COURTS:** 9
- **CEILING HEIGHT:** 9m+
- **VENUE TYPE:** factory renovation
- **FLOOR PAVING:** keel+floor+adhesive
- **LIGHTING DESIGN:** badminton standard lighting
- **HOSPITAL DISTANCE:** ＞ 3km
- **NUMBER OF PARKING SPACES:** 30

地面铺设	地面鋪設	FLOOR PAVING
★★★	★★★	★★★
标准灯光	標準燈光	STANDARD LIGHTING
是	是	Yes

淋浴
空调
看台

AED

錦龍天朋羽毛球館

錦龍大道 1 號新嘉工業園内

淋浴 SHOWER

空調 AIR CONDI-TIONER

看臺 STAND

AED

場館面積：1100m²

場地數量：9

空間高度：9m+

場館類型：廠房改造

地面鋪設：龍骨 + 地板 + 地膠

燈光設計：羽毛球標準燈光

醫院距離：> 3km

車位數量：30

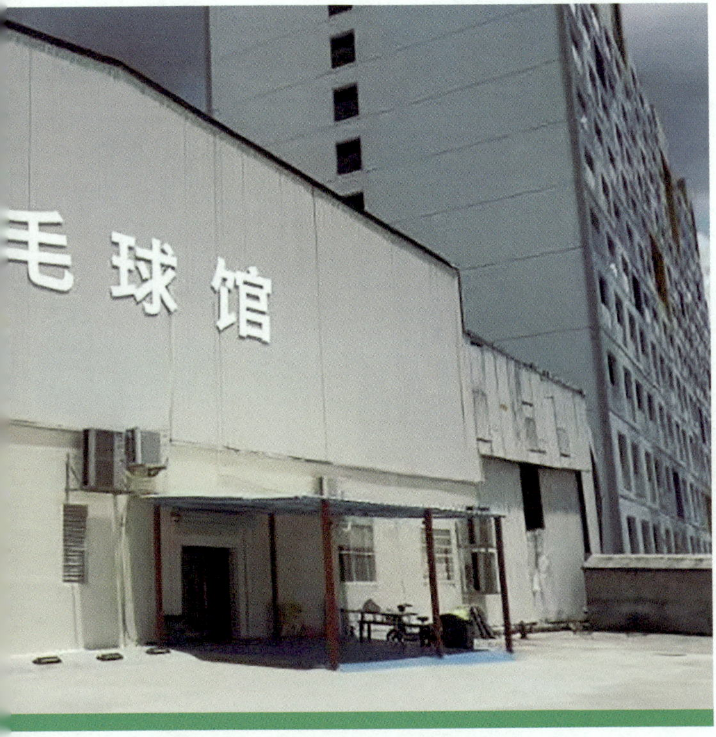

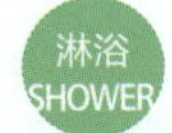

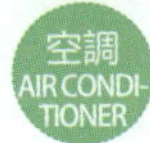

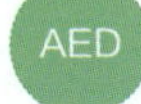

1. 红花山体育中心羽毛球馆 / 紅花山體育中心羽毛球館
   HONGHUASHAN SPORTS CENTER BADMINTON HALL
2. 茅洲河体育艺术中心羽毛球馆 / 茅洲河體育藝術中心羽毛球館
   MAOZHOU RIVER SPORTS AND ARTS CENTER BADMINTON HALL
3. 羽健羽毛球馆 / 羽健羽毛球館
   YUJIAN BADMINTON HALL
4. 新羽胜羽毛球馆（公明店）/ 新羽勝羽毛球館（公明店）
   XINYUSHENG BADMINTON HALL（GONGMING STORE）

光明 / 光明

GUANGMING

红花山体育中心羽毛球馆

HONGHUASHAN SPORTS CENTER BADMINTON HALL

兴发路 35 号红花山体育中心多功能馆 3 楼

3rd Floor, Multifunctional Gymnasium, Honghuashan Sports Center, No. 35, Xingfa Road

场馆面积： 4000m^2

场地数量： 22

空间高度： 9m+

场馆类型： 体育馆

地面铺设： 龙骨 + 地板 + 地胶

灯光设计： 羽毛球标准灯光

医院距离： < 2km

车位数量： 400

VENUE AREA:
4000m^2

NUMBER OF BADMINTON COURTS:
22

CEILING HEIGHT:
9m+

VENUE TYPE:
gymnasium

FLOOR PAVING:
keel+floor+adhesive

LIGHTING DESIGN:
badminton standard lighting

HOSPITAL DISTANCE:
< 2km

NUMBER OF PARKING SPACES:
400

地面铺设	地面鋪設	FLOOR PAVING
★★★	★★★	★★★
标准灯光	標準燈光	STANDARD LIGHTING
是	是	Yes

紅花山體育中心羽毛球館

興發路 35 號紅花山體育中心多功能館 3 樓

淋浴 SHOWER
空調 AIR CONDITIONER
看臺 STAND
AED

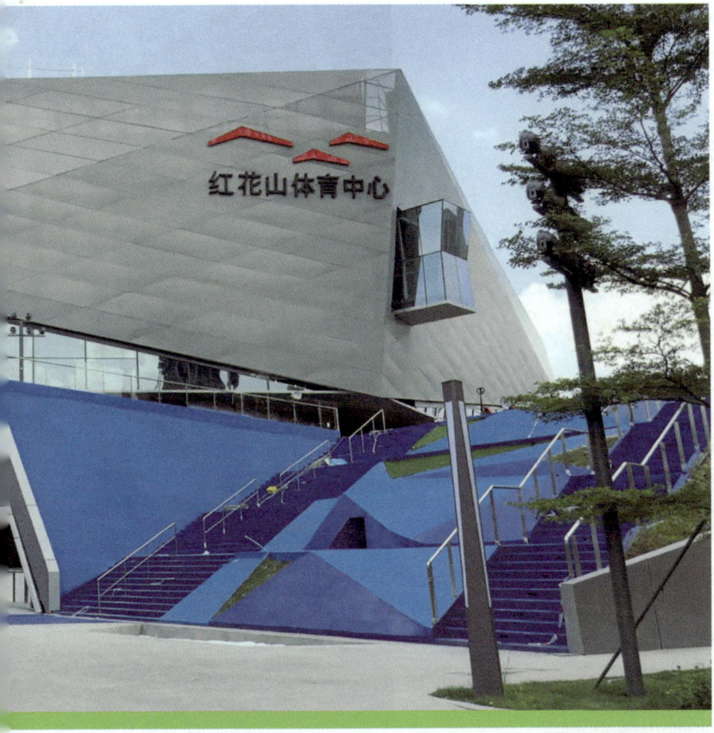

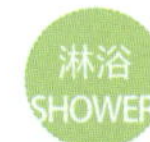

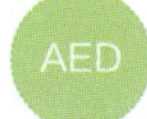

- 場館面積：4000m²
- 場地數量：22
- 空間高度：9m+
- 場館類型：體育館
- 地面鋪設：龍骨 + 地板 + 地膠
- 燈光設計：羽毛球標準燈光
- 醫院距離：< 2km
- 車位數量：400

茅洲河体育艺术中心羽毛球馆

MAOZHOU RIVER SPORTS AND ARTS CENTER BADMINTON HALL

公明北环大道 633 号茅洲河体育艺术中心体育中心 1 栋 3 楼 301
301, 3rd Floor, Building 1, Sports Center, Maozhou River Sports and Arts Center, No. 633, Gongming North Ring Avenue

- **场馆面积：** 3000m^2
- **场地数量：** 15
- **空间高度：** 9m+
- **场馆类型：** 体育馆
- **地面铺设：** 龙骨 + 地板 + 地胶
- **灯光设计：** 羽毛球标准灯光
- **医院距离：** < 2km
- **车位数量：** 670

- **VENUE AREA:** 3000m^2
- **NUMBER OF BADMINTON COURTS:** 15
- **CEILING HEIGHT:** 9m+
- **VENUE TYPE:** gymnasium
- **FLOOR PAVING:** keel+floor+adhesive
- **LIGHTING DESIGN:** badminton standard lighting
- **HOSPITAL DISTANCE:** < 2km
- **NUMBER OF PARKING SPACES:** 670

淋浴

空调

看台

AED

地面铺设	地面鋪設	FLOOR PAVING
★★★	★★★	★★★
标准灯光	標準燈光	STANDARD LIGHTING
是	是	Yes

茅洲河體育藝術中心羽毛球館

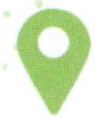

公明北環大道 633 號茅洲河體育藝術中心體育中心 1 棟 3 樓 301

淋浴 SHOWER
空調 AIR CONDITIONER
看臺 STAND
AED

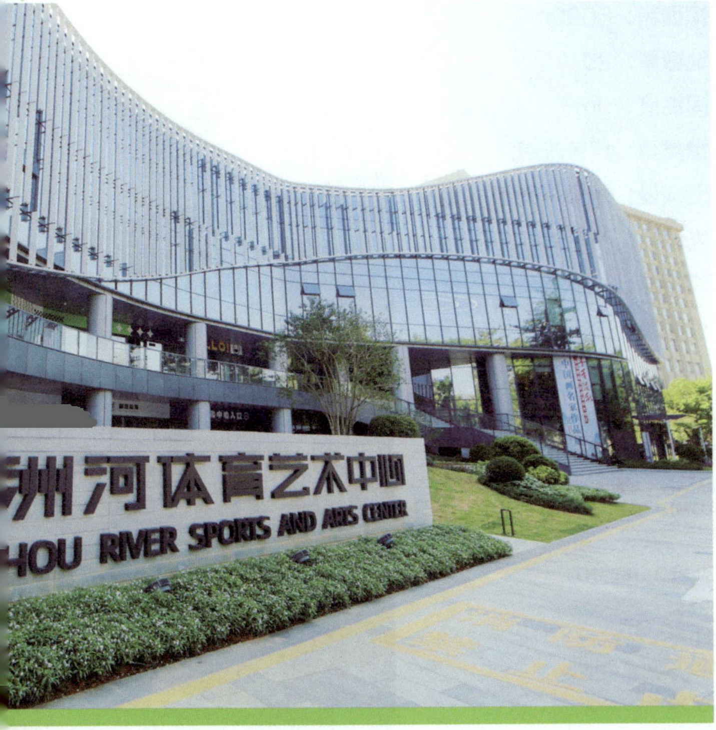

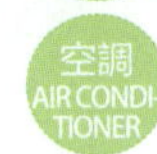

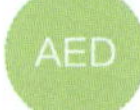

場館面積：$3000m^2$
場地數量：15
空間高度：9m+
場館類型：體育館
地面鋪設：龍骨 + 地板 + 地膠
燈光設計：羽毛球標準燈光
醫院距離：< 2km
車位數量：670

羽健羽毛球馆

YUJIAN BADMINTON HALL

公明北环大道 433 号
No. 433, Gongming North Ring Avenue

- **场馆面积：** 6000m²
- **场地数量：** 29
- **空间高度：** 9m+
- **场馆类型：** 厂房改造
- **地面铺设：** 龙骨 + 地板 + 地胶
- **灯光设计：** 羽毛球标准灯光
- **医院距离：** > 3km
- **车位数量：** 白天 50，夜间 80

- **VENUE AREA:** 6000m²
- **NUMBER OF BADMINTON COURTS:** 29
- **CEILING HEIGHT:** 9m+
- **VENUE TYPE:** factory renovation
- **FLOOR PAVING:** keel+floor+adhesive
- **LIGHTING DESIGN:** badminton standard lighting
- **HOSPITAL DISTANCE:** > 3km
- **NUMBER OF PARKING SPACES:** daytime 50, nighttime 80

地面铺设	地面鋪設	FLOOR PAVING
★★★	★★★	★★★
标准灯光	標準燈光	STANDARD LIGHTING
是	是	Yes

淋浴
空调
看台
AED

羽健羽毛球館

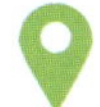

公明北環大道 433 號

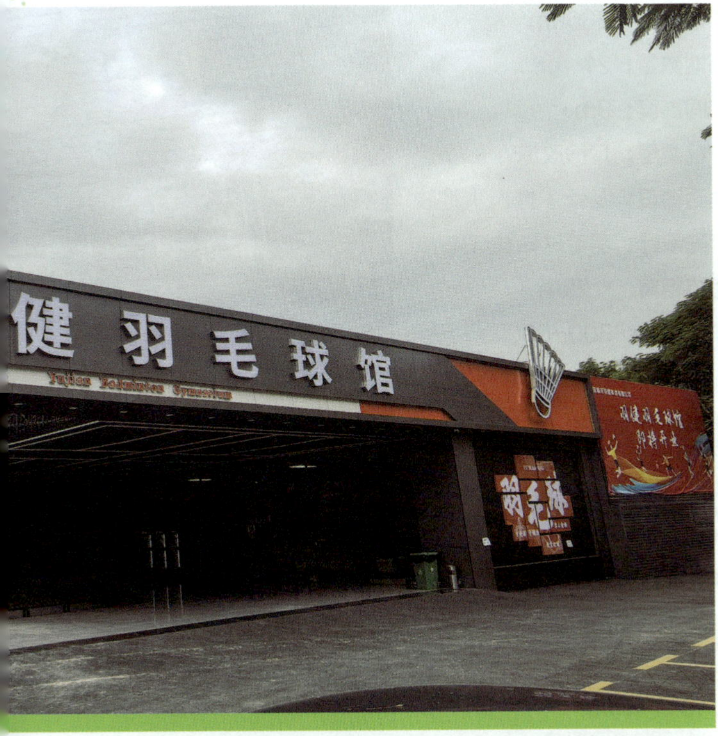

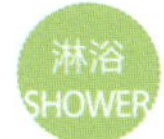

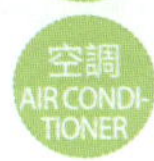

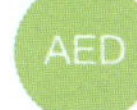

淋浴 SHOWER

空調 AIR CONDITIONER

看臺 STAND

AED

場館面積：6000m²

場地數量：29

空間高度：9m+

場館類型：廠房改造

地面鋪設：龍骨 + 地板 + 地膠

燈光設計：羽毛球標準燈光

醫院距離：> 3km

車位數量：白天 50，夜間 80

新羽胜羽毛球馆（公明店）

XINYUSHENG BADMINTON HALL （GONGMING STORE）

公明东环大道后景路松宝大家具城北一门 4 楼

4th Floor, North Gate 1, Songbaoda Furniture Mall, Houjing Road, Gongming East Ring Avenue

- **场馆面积：** $2800m^2$
- **场地数量：** 21
- **空间高度：** 9m+
- **场馆类型：** 厂房改造
- **地面铺设：** 龙骨 + 地板 + 地胶
- **灯光设计：** 羽毛球标准灯光
- **医院距离：** < 2km
- **车位数量：** 300~500

- **VENUE AREA:** $2800m^2$
- **NUMBER OF BADMINTON COURTS:** 21
- **CEILING HEIGHT:** 9m+
- **VENUE TYPE:** factory renovation
- **FLOOR PAVING:** keel+floor+adhesive
- **LIGHTING DESIGN:** badminton standard lighting
- **HOSPITAL DISTANCE:** < 2km
- **NUMBER OF PARKING SPACES:** 300~500

地面铺设	地面鋪設	FLOOR PAVING
★★★	★★★	★★★
标准灯光	標準燈光	STANDARD LIGHTING
是	是	Yes

新羽勝羽毛球館（公明店）

公明東環大道後景路鬆寶大家具城北一門 4 樓

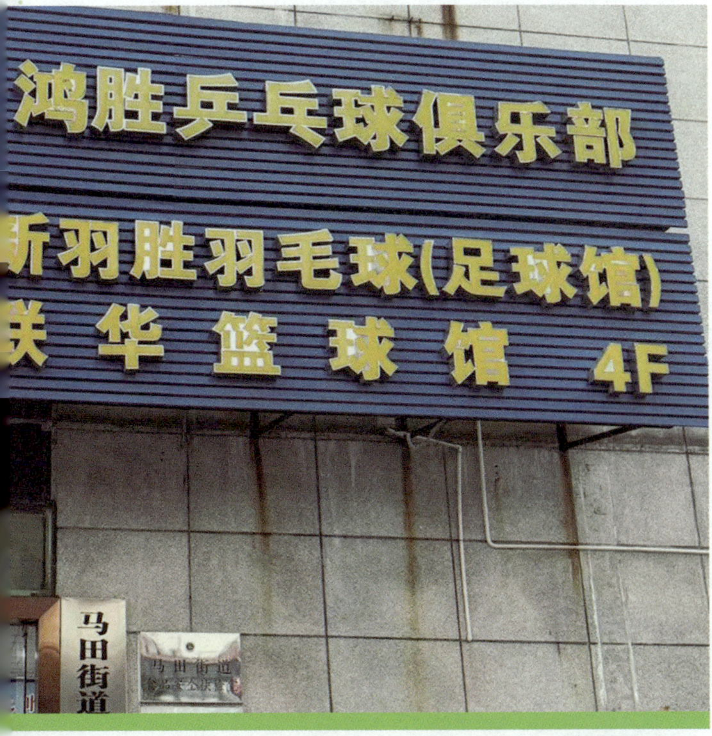

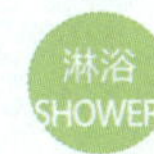

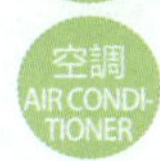

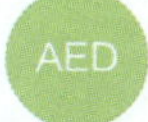

淋浴 SHOWER

空調 AIR CONDITIONER

看臺 STAND

AED

場館面積：2800m²

場地數量：21

空間高度：9m+

場館類型：廠房改造

地面鋪設：龍骨 + 地板 + 地膠

燈光設計：羽毛球標準燈光

醫院距離：< 2km

車位數量：300~500

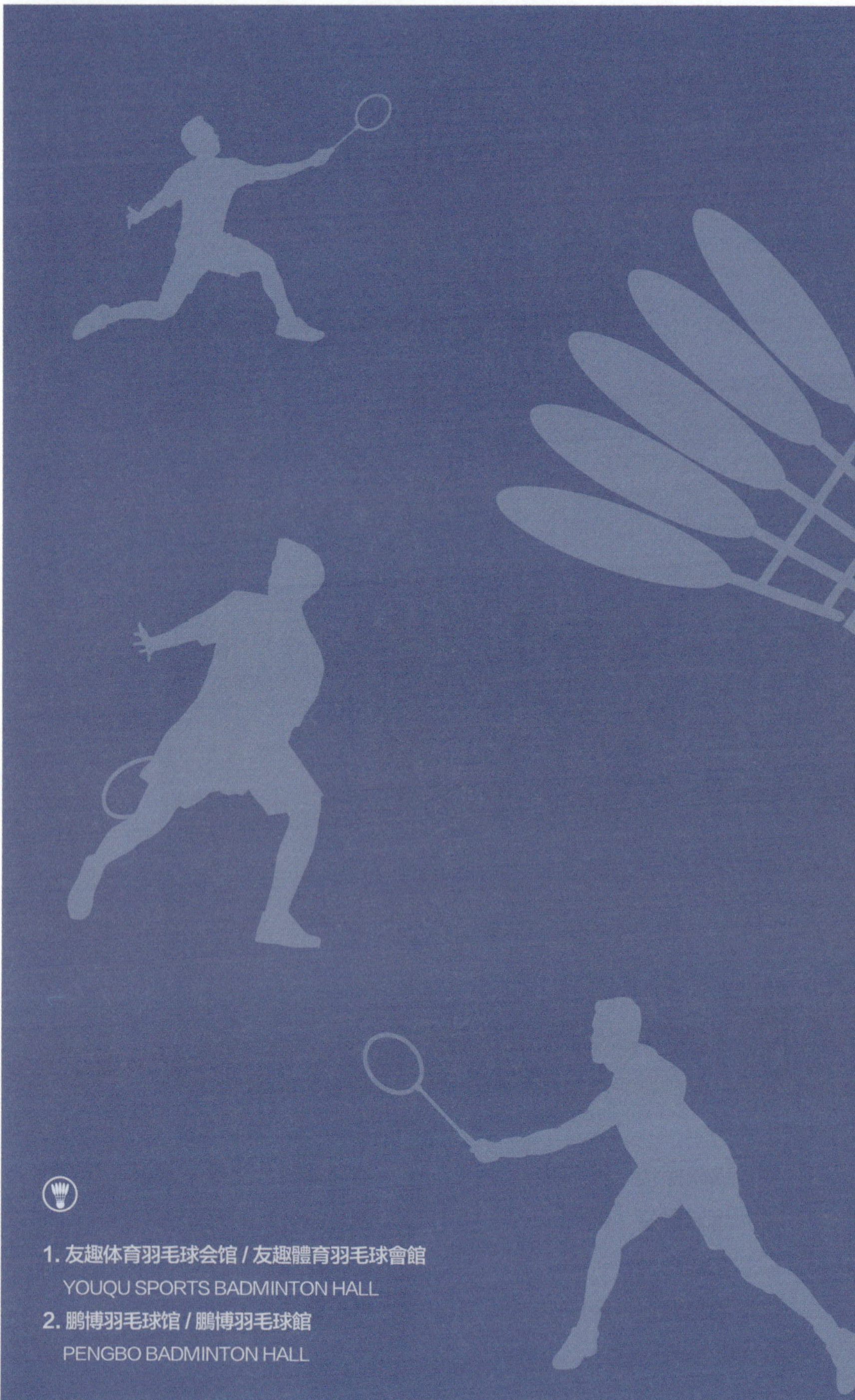
1. 友趣体育羽毛球会馆 / 友趣體育羽毛球會館
YOUQU SPORTS BADMINTON HALL
2. 鹏博羽毛球馆 / 鵬博羽毛球館
PENGBO BADMINTON HALL

DAPENG

大鹏／大鵬

友趣体育羽毛球会馆

YOUQU SPORTS BADMINTON HALL

葵南路 12-1 号宝资源科技厂区 C E 栋 701
701, Building C E, Baoziyuan Science and Technology Factory, No. 12-1, Kuinan Road

场馆面积： 2000m^2
场地数量： 11
空间高度： 8m
场馆类型： 厂房改造
地面铺设： 龙骨 + 地板 + 地胶
灯光设计： 羽毛球标准灯光
医院距离： < 2km
车位数量： 300

VENUE AREA:
2000m^2

NUMBER OF BADMINTON COURTS:
11

CEILING HEIGHT:
8m

VENUE TYPE:
factory renovation

FLOOR PAVING:
keel+floor+adhesive

LIGHTING DESIGN:
badminton standard lighting

HOSPITAL DISTANCE:
< 2km

NUMBER OF PARKING SPACES:
300

地面铺设	地面鋪設	FLOOR PAVING
★★★	★★★	★★★
标准灯光	標準燈光	STANDARD LIGHTING
是	是	Yes

淋浴
空调
看台

AED

友趣體育羽毛球會館

葵南路 12-1 號寶資源科技廠區 C E 棟 701

淋浴 SHOWER

空調 AIR CONDITIONER

看臺 STAND

AED

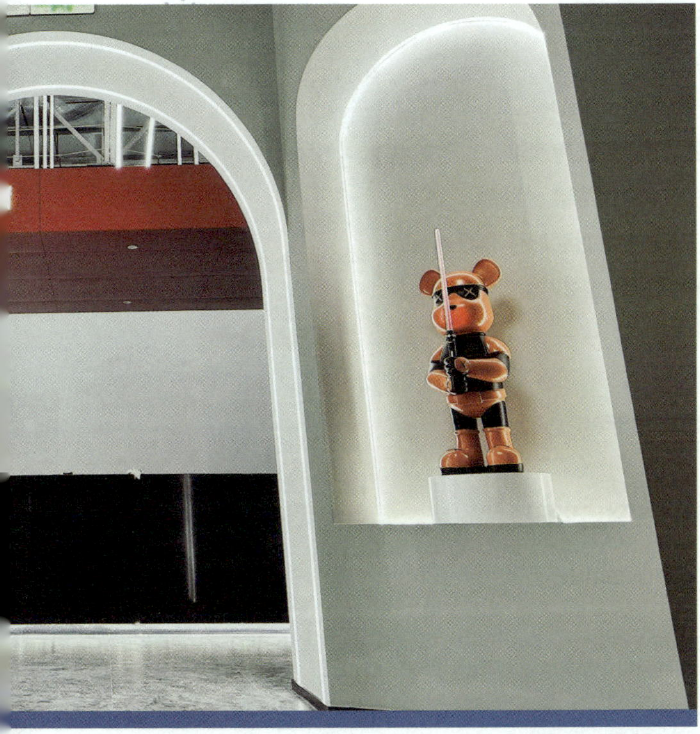

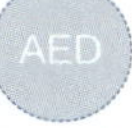

場館面積： $2000m^2$

場地數量： 11

空間高度： 8m

場館類型： 廠房改造

地面鋪設： 龍骨 + 地板 + 地膠

燈光設計： 羽毛球標準燈光

醫院距離： < 2km

車位數量： 300

鹏博羽毛球馆

PENGBO BADMINTON HALL

振兴路 7 号
No. 7, Zhenxing Road

- 场馆面积：1000m^2
- 场地数量：3
- 空间高度：9m+
- 场馆类型：楼房改造
- 地面铺设：龙骨 + 地板 + 地胶
- 灯光设计：羽毛球标准灯光
- 医院距离：< 2km
- 车位数量：6

- **VENUE AREA:** 1000m^2
- **NUMBER OF BADMINTON COURTS:** 3
- **CEILING HEIGHT:** 9m+
- **VENUE TYPE:** building renovation
- **FLOOR PAVING:** keel+floor+adhesive
- **LIGHTING DESIGN:** badminton standard lighting
- **HOSPITAL DISTANCE:** < 2km
- **NUMBER OF PARKING SPACES:** 6

地面铺设	地面鋪設	FLOOR PAVING
★★★	★★★	★★★
标准灯光	標準燈光	STANDARD LIGHTING
是	是	Yes

鵬博羽毛球館

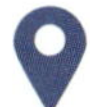

振興路 7 號

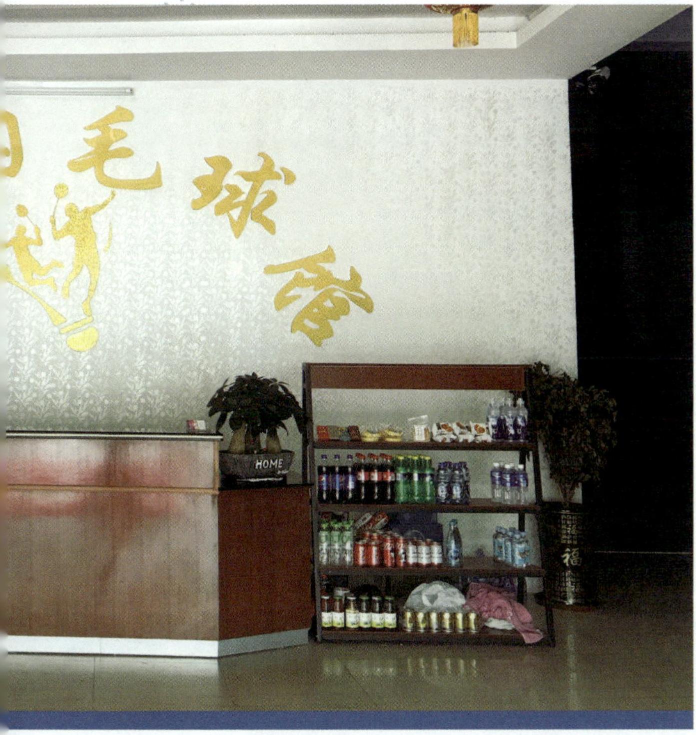

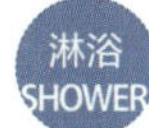

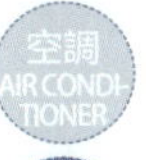

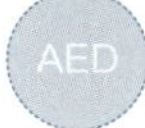

淋浴 SHOWER

空調 AIR CONDITIONER

看臺 STAND

AED

場館面積：1000m²

場地數量：3

空間高度：9m+

場館類型：樓房改造

地面鋪設：龍骨 + 地板 + 地膠

燈光設計：羽毛球標準燈光

醫院距離：< 2km

車位數量：6